Coleção
FILOSOFIA ATUAL

Impresso no Brasil, julho de 2012

Título original: *Science Esthétique Métaphysique*
Copyright © Éditions Albin Michel, 1967
Todos os direitos reservados.

Os direitos desta edição pertencem a
É Realizações Editora, Livraria e Distribuidora Ltda.
Caixa Postal: 45321 · 04010 970 · São Paulo SP
Telefax: (11) 5572 5363
e@erealizacoes.com.br · www.erealizacoes.com.br

Editor
Edson Manoel de Oliveira Filho
Gerente editorial
Gabriela Trevisan
Preparação de texto
Lúcia Leal Ferreira
Revisão
Fernanda Marcelino e Liliana Cruz
Capa e projeto gráfico
Mauricio Nisi Gonçalves / Estúdio É
Pré-impressão e impressão
Geográfica Editora

Reservados todos os direitos desta obra.
Proibida toda e qualquer reprodução desta edição
por qualquer meio ou forma, seja ela eletrônica ou mecânica,
fotocópia, gravação ou qualquer outro meio de reprodução,
sem permissão expressa do editor.

Coleção
FILOSOFIA ATUAL

CIÊNCIA ESTÉTICA METAFÍSICA
CRÔNICAS FILOSÓFICAS

LOUIS LAVELLE

TRADUÇÃO
PAULO NEVES

Realizações Editora

Sumário

Nota do editor francês 7

PRIMEIRA PARTE

1. A nova física... 11
2. A estrutura do real 19
3. De Demócrito a Louis de Broglic 27
4. A representação do espaço 35
5. Criação e evolução dos seres vivos 43
6. O diálogo do cientista com a natureza 51

SEGUNDA PARTE

7. A arte pura 61
8. A arte e a forma 69
9. A arte ou a paixão dominada........................ 77
10. A intuição estética................................. 85
11. A graça e a beleza 93
12. A visão e o desenho................................ 101
13. Reflexões sobre a nova psicologia da forma 109
14. A sinceridade do artista 117
15. Linguagem científica e linguagem lírica 125
16. Filosofia e poesia.................................. 133

TERCEIRA PARTE

17. A atualidade da metafísica........................ 143
18. O verbo *ser*......................................151

19. O ritmo do tempo 159
20. O espírito e o real............................... 167
21. Ser e conhecer 175
22. A primeira verdade............................. 183
23. As duas consciências 191
24. Um neopositivismo............................. 199

Nota do editor francês

Estas "crônicas filosóficas" foram publicadas por Louis Lavelle, juntamente com outras, na revista *Le Temps*, de 1930 a 1942. De acordo com indicações deixadas pelo autor, os artigos foram agrupados segundo seus temas e não segundo sua ordem cronológica. Na edição francesa, os que integram o presente volume formam o tomo III, intitulado *Ciência Estética Metafísica*. O tomo II tem o título de *Psicologia e Espiritualidade*, e o I, *Panorama das Doutrinas Filosóficas*.

PRIMEIRA PARTE

1. A NOVA FÍSICA

Louis de Broglie acaba de reunir, sob o título *Matière et Lumière* [Matéria e Luz], alguns estudos sobre os aspectos gerais da física contemporânea, publicados antes em diferentes revistas. A coletânea inaugura a coleção Sciences d'Aujourd'hui [Ciências de Hoje], dirigida por André George, recentemente enriquecida por outro volume, *Vie et Transmutation des Atomes* [Vida e Transmutação dos Átomos], de Jean Thibaud. Essa coleção, orientada ela própria por um "humanismo científico", dirige-se a um público culto ao qual cientistas eminentes, sem qualquer intuito de vulgarização, se propõem servir de guias, a fim de fazê-lo compreender o estado atual da pesquisa científica, a natureza dos problemas que ela coloca e os métodos que pratica, a significação e o alcance das descobertas cada vez mais espantosas que ela diariamente nos oferece.

Hoje não há ninguém que possa se desinteressar por esse extraordinário empreendimento pelo qual o espírito humano substitui a representação do mundo que temos sob os olhos por uma representação completamente diferente, que é o produto ao mesmo tempo dos instrumentos e do cálculo matemático, e que goza do privilégio paradoxal de decuplicar nossa ação sobre as coisas e de revolucionar as condições mesmas da nossa existência terrestre. A ciência provoca no espírito uma espécie de embriaguez. Parece colocar nas mãos do homem uma parte do poder criador. É uma arma prodigiosa, cujo valor depende do uso que se fizer dela. E por isso produz certo calafrio mesmo naqueles que mais a admiram e amam, e que dedicaram a vida inteira a promovê-la; às vezes eles se perguntam se os meios que ela nos oferece não podem servir tanto para nossa loucura quanto para nossa sabedoria; se ela traz em si mesma sua própria disciplina; e se essa magnífica conquista da civilização, carregada de tantas esperanças e promessas, não corre o risco de precipitar a catástrofe na qual a própria civilização sucumbirá.

Pode-se dizer que o cientista, outrora, se colocava diante do mundo como diante de um enigma a decifrar. Mas agora não é a própria ciência que se tornou um enigma para o homem?

A ciência não busca mais nos dar uma imagem das coisas. Ela as transforma e multiplica. E o problema, para nós, é saber qual a finalidade visada por nosso espírito nessa maravilhosa aventura: se é penetrar o segredo do real, se é nos dar o domínio do mundo, ou se é exercer suas próprias forças contra o obstáculo que a matéria lhe apresenta, e que o obriga a provar-se a si mesmo e a se ultrapassar sempre.

Pois a ciência está no ponto de encontro do real e do espírito. Mas não podemos mais fazer do espírito um espelho que nos daria do real um retrato cada vez mais fiel. O espírito é uma atividade que se coloca diante do objeto, armado de questões que lhe dirige, de exigências que lhe pede que satisfaça, de instrumentos pelos quais desmembra sua estrutura ou a modifica segundo seus propósitos, de fórmulas matemáticas que são como as grades através das quais constitui sua representação esquematizada. Assim, o objeto científico é obra tanto da ciência quanto da natureza. Durante muito tempo se concebeu a esperança de enumerar os quadros fundamentais em cujo interior o pensamento devia introduzir os fenômenos a fim de compreendê-los: tais eram o espaço euclidiano, o tempo uniforme, o determinismo causal e os axiomas da mecânica clássica. Porém, desde o início do século XX produziu-se uma verdadeira crise da física, que abalou, um após outro, os princípios sobre os quais se apoiava até então todo o edifício do conhecimento e que pareciam ser como os pilares da nossa razão. O tempo e o espaço perderam sua arquitetura tradicional; a causalidade se dissolveu aos poucos na simples interpretação de certos resultados estatísticos; os rígidos modelos de explicação legados por Descartes e Newton se romperam e deram lugar a fórmulas mais flexíveis, quase fluidas, carregadas de possibilidades diferentes que parecem se excluir, e nas quais o detalhe dos fenômenos nunca consegue se manter inteiramente. E não se sabe o que mais nos espanta: se é a fecundidade superabundante do real, que sempre ultrapassa todos os conceitos do pensamento, ou se é a capacidade de renovação do espírito, que em perpétua aprendizagem abandona os métodos mais testados quando eles deixam de servi-lo e que, por assim dizer, reinventa-se a si mesmo indefinidamente.

A característica da nova física é que os fenômenos que vemos recebem sua explicação em um mundo que pertence a outra escala: ela se tornou uma microfísica. Ora, se as leis que dominam ainda hoje nossa ciência só têm sentido e valor no interior de uma experiência comum relacionada com o alcance dos nossos sentidos e com a amplitude das nossas ações habituais, parece que as coisas se passam de outro modo no laboratório secreto onde essas aparências se elaboram. E é certamente nesse ponto que as novas concepções da ciência nos causam mais surpresa. Todos os mundos sucessivos que Pascal descobre no ácaro se assemelham ao grande mundo onde vive o ácaro; são governados pelas mesmas leis: apenas as proporções variam. Swift procura mostrar, com o mais minucioso zelo, que o mundo de Lilliput é homotético ao de Brobdingnag e ao nosso. Mas não é mais o que acontece quando passamos do corpo ao átomo. E essa disparidade é uma fonte infinita de reflexão para o nosso espírito.

Louis de Broglie nos mostra, com três exemplos diferentes, as características essenciais da nova física: ele nos explica como, para explicar os fenômenos luminosos, ela foi levada a associar duas noções aparentemente incompatíveis, onda e corpúsculo; como a ideia de *quantum de ação* modificou profundamente as concepções feitas até então da energia física; como, enfim, toda pesquisa implica certas *relações de incerteza* que resultam da necessidade que temos de introduzir sempre, na representação do objeto observado, a consideração de certos efeitos inseparáveis dos próprios métodos de observação.

Sobre o primeiro ponto, todos conhecem os resultados dos admiráveis trabalhos do próprio Louis de Broglie que prepararam a constituição de uma nova mecânica, à qual se deu o nome de mecânica ondulatória. O interesse filosófico dessa descoberta é considerável, pois ela é um esforço sintético para reconciliar não apenas dois tipos de hipóteses científicas, cuja oposição parecia decisiva, mas também duas exigências do espírito humano, ambas necessárias e que parecem se excluir. De fato, o mundo, tal como se mostra a nós no espaço, é uma superfície curva contínua na qual não há interrupção nem fissura. No entanto, tão logo começamos a pensá-lo, distinguimos nele partes e levamos essa distinção o mais longe possível até depararmos com elementos que não podem mais ser divididos: com isso o espírito experimenta a grande satisfação de poder, com o auxílio de elementos idênticos, e pela simples diferença de seu número e de sua distância, reconstruir todos os aspectos do real. Mas em que consiste o intervalo mesmo entre esses elementos, que lhes permite se mover, se aproximar e se unir? A continuidade do mundo não é uma pura ilusão; a descontinuidade a supõe como uma condição de sua possibilidade e de seu funcionamento.

A mesma antinomia se verificou, mas com uma precisão singularmente perturbadora, nas teorias da luz. Os antigos, mas também Newton, consideravam que a luz era formada por uma emissão de corpúsculos extremamente rápidos. Fresnel, porém, haveria de mostrar que, se essa hipótese explica bem suas principais propriedades, a saber, a propagação retilínea, a reflexão e a refração, ela fracassa quando se trata de fenômenos mais sutis, como as interferências e a difração. Consegue-se explicá-la, porém, se for considerada uma sucessão de ondas ou ondulações formadas de cristas e concavidades que, ao se recobrirem, ora se reforçam, ora se contrariam. Podia-se pensar então que a verdade da teoria ondulatória estava, por assim dizer, demonstrada. Mas uma teoria nunca é senão uma visão do espírito, e sempre aparece algum fato novo que ela não consegue explicar. E aqui os fatos novos são bastante numerosos: o mais notável é o efeito fotoelétrico, que mostra que, se iluminamos um metal, por exemplo, ele expulsa elétrons. Mas, na teoria ondulatória, uma fonte luminosa emite uma onda cuja energia diminui à medida que ela se afasta dessa fonte. Ora, a observação do efeito fotoelétrico testemunha, ao contrário, que a ação exercida pela luz sobre os átomos de um corpo é a mesma qualquer que seja seu afastamento da fonte: ela depende apenas da frequência da radiação. Foi o que levou Einstein a imaginar que a onda é feita de corpúsculos que conservam sua energia durante seu movimento, "como um obus carregado de explosivo possui, a qualquer distância do disparo, a mesma capacidade de destruição". Por outro lado, não era possível renunciar ao caráter ondulatório do fenômeno luminoso, o único que explicava as interferências e a difração. Foi preciso então associar, na teoria da luz, a onda e o corpúsculo, supondo que a densidade da nuvem de corpúsculos era, em cada ponto, proporcional à intensidade da onda. Paralelamente, na teoria da matéria, mostrou-se que a descrição dos fenômenos não pode ser feita apenas com a imagem dos corpúsculos sem exigir a imagem complementar das ondas. Desde então, onda e corpúsculo aparecem como necessariamente ligados. E pode-se mesmo dizer que é por ser impossível seguir a evolução individual dos corpúsculos que a onda intervém, permitindo-nos prever, através da estatística, ao mesmo tempo sua distribuição e seu movimento. Vemos assim, ao longo da história, uma espécie de fluxo e refluxo dos acontecimentos em que todos os indivíduos são arrastados, sem que se possa determinar a parte original que cada um deles pôde desempenhar.

A mecânica ondulatória, por sua vez, não pode ser separada da hipótese dos *quanta*, esses misteriosos *quanta* que, segundo Louis de Broglie, "após ter se infiltrado na teoria da radiação, invadiu toda a física". Ao estudar a lei da radiação do corpo negro, Max Planck havia formulado a hipótese de que a matéria emite e absorve as radiações por quantidades finitas, os *quanta*; o *quantum* de energia era proporcional à frequência da radiação, sendo igual ao produto dessa frequência por uma constante numérica *h* à qual o nome de Planck ficou associado. Mas essa constante logo haveria de obter novos sucessos. De fato, todos conhecem a célebre descrição que Niels Bohr fez do átomo ao compará-lo ao sistema solar. Ora, verifica-se que os elétrons que giram como planetas em torno do núcleo central não podem adquirir todos os movimentos que a mecânica clássica reconhece como possíveis, mas somente alguns deles, chamados por essa razão de "movimentos quantificados": só são estáveis os movimentos nos quais figuram números inteiros. Assim, somos levados a introduzir a onda no interior do átomo a fim de transformá-lo em um sistema vibratório que, como todos os sistemas vibratórios, tem seus períodos próprios. Com isso, a constante *h* torna-se uma espécie de traço de união entre a imagem do real que as ondas nos fornecem e a imagem que os corpúsculos nos fornecem. Só reencontraríamos as leis da mecânica clássica se ela se tornasse infinitamente pequena. Enfim, para voltarmos ao efeito fotoelétrico, o que ficou evidenciado são verdadeiros *quanta* de luz aos quais se deu o nome de fótons, o que certamente nos mostra que estamos aí diante de um fenômeno inteiramente geral e que constitui uma característica essencial da realidade.

Mas é difícil discernir sua verdadeira significação. A constante de Planck passou a ser na linguagem da natureza "a sílaba indecifrável". Ao mesmo tempo se percebe facilmente como ela altera em profundidade o rosto clássico da nossa ciência. Louis de Broglie cita a célebre frase de Laplace, que exprime admiravelmente a antiga fé do cientista em um determinismo rigoroso e universal:

> Uma inteligência que, em dado instante, conhecesse todas as forças de que a natureza é animada e a situação respectiva dos seres que a compõem, e que também fosse bastante vasta para submeter esses dados à análise, abarcaria na mesma fórmula o movimento dos maiores corpos do universo e os dos mais leves átomos: nada seria incerto para ela, e tanto o futuro quanto o passado estariam presentes a seus olhos.

Eis aí uma afirmação que a nova física não mais comprova. Pois, se na teoria da matéria há uma ligação da onda e do corpúsculo tal que a velocidade do corpúsculo está ligada ao comprimento de onda por uma relação em que figura a constante de Planck, verifica-se que não podemos mais conhecer simultaneamente com precisão a posição e o movimento do corpúsculo: esse é o sentido das relações de incerteza de Heisenberg.

Pode-se dizer que a física clássica supunha a existência de uma realidade objetiva independente dos métodos de observação e de medida. Ora, a constante de Planck mostra que nas regiões mais tênues da realidade, onde as medidas se aplicam a grandezas cada vez menores, não se pode fazer decrescer ao infinito a ação exercida sobre o mundo exterior pelo aparelho que o experimentador utiliza. O que permitiu a Bohr evocar o célebre exemplo das modificações introduzidas pela introspecção no estudo dos fenômenos psicológicos, para afirmar que a física quântica torna incerta a distinção entre o objetivo e o subjetivo: fórmula que Louis de Broglie retifica com mais felicidade ao observar que os instrumentos de medida pertencem ainda ao objeto, de tal modo que se pode dizer apenas, da física clássica, que o corte que ela estabelecia entre o objeto e o sujeito era um corte artificial.

Essas breves observações bastam para mostrar o valor excepcional que os principais resultados da física quântica apresentam para os filósofos. No desenvolvimento da ciência, o espírito põe em ação ao mesmo tempo sua fecundidade inventiva e suas mais profundas e secretas exigências: isso não deixa de abalar os hábitos que nele se introduziram e se consolidaram gradativamente, e a ideia que ele fazia até então de si mesmo; assim, não é surpreendente que o filósofo encontre em todas as crises de crescimento da ciência um objeto de reflexão privilegiado. O historiador que mais tarde tentar abarcar o movimento das ideias do nosso tempo certamente ficará impressionado pela convergência notável do pensamento científico e do pensamento filosófico, se é verdade, por um lado, que o pensamento concretiza, na relação entre corpúsculo e onda, a relação ideal entre o indivíduo, que é a única realidade, mas que nunca pode ser isolado, e o sistema do qual faz parte, sem o qual não se poderia conhecê-lo, mas que lhe permite apenas, no que lhe diz respeito, conhecimentos prováveis; se é verdade, por outro lado, que no *quantum* de ação o pensamento busca reconhecer uma realidade que ultrapassa todas as descrições que se pode fazer no espaço e no tempo, embora ela tenha necessidade do espaço e do tempo para se manifestar; e se é verdade, enfim, que as relações de incerteza tornam manifesta a impossibilidade de considerar que o sujeito se confronta com um mundo que pode ser, para ele, um espetáculo puro, visto que está profundamente engajado neste mundo e que o menor dos seus passos contribui não apenas para modificá-lo, mas também para produzi-lo.

8 de agosto de 1937.

2. A ESTRUTURA DO REAL

O pensamento de cada um de nós, como o da humanidade inteira, não cessa de oscilar do idealismo ao realismo. Sabemos bem que não podemos ultrapassar o horizonte da nossa consciência e que nunca vivemos senão em meio a nossos sentimentos e a nossas ideias: no entanto esse mundo nos parece frágil e inconsistente, incapaz de se sustentar apenas com suas forças, tendo necessidade do contato e da prova das coisas para encontrar um alimento e não ser um puro sonho. O pensamento é dúctil, enquanto o real é resistente; é diáfano, enquanto o real é opaco; é um fenômeno de superfície, enquanto o real apresenta uma invencível espessura. É o pensamento que nos faz ser e dá um sentido a tudo o que é; mas ele se enraíza em uma realidade que o ultrapassa e da qual ele tira toda a seiva que o alimenta.

Há outro aspecto do idealismo que nos obriga a nunca nos contentarmos com o objeto que nos é dado, a perseguirmos uma finalidade que recua sempre diante de nós, porque no momento em que estamos perto de alcançá-la ela já deixou de nos bastar; e às vezes vemos como quimérico esse idealista que há em nós, e pensamos que o real que ele nos convida a abandonar talvez seja mais rico e mais pleno que o ideal que nos obriga a perseguir. Aliás, como seria de outro modo, se é no presente que somos forçados a viver, se, a cada minuto, a totalidade do mundo se abre diante de nós e se, ao nos queixarmos sempre da insuficiência do real, mostramos apenas nossa fraqueza, incapaz de dele se apoderar e de usufruí-lo? Pois é sempre mais fácil para o homem desejar o que não tem do que possuir e pôr em ação o que tem.

Encontramos na filosofia francesa contemporânea uma corrente idealista que remonta certamente a Descartes, mas que recebeu uma contribuição de ideias kantianas ou hegelianas e que pode ser alinhada pela influência de Boutroux e de Lachelier, pela obra dialética de Hamelin, pelos estudos de moral e de história de Parodi, pelo esforço de Brunschwicg para captar a vida sinuosa da inteligência através do progresso do conhecimento científico, pela tentativa de Le Senne de extrair da contradição que o espírito encontra no fundo de si mesmo a obrigação de vencê-la ultrapassando-se. Esse idealismo, que sempre buscou assegurar a preeminência do espírito sobre o real, encontrou sempre uma resistência nos positivistas, que querem conhecer apenas fenômenos e se contentam em obter da experiência as relações regulares que os unem. E, embora os positivistas se recusem a se filiar entre os materialistas, mantêm com estes relações muito boas.

Mas a doutrina que é o inverso do idealismo não é nem o positivismo nem o materialismo: é o realismo, que subordina o espírito a uma realidade cuja presença ele deve admitir e cuja forma ele deve esposar até certo ponto; o realismo não deve ser confundido nem com o positivismo, que não se interessa pelas coisas, mas somente pelas aparências, nem com o materialismo, que mutila indevidamente o real e pretende reduzi-lo a uma combinação de elementos inertes e inanimados. Mais ainda, sem levar em conta uma influência recente exercida sobre nós pelo neorrealismo inglês ou americano, se buscarmos traços de uma inspiração realista na filosofia francesa contemporânea, só poderemos encontrá-la em pensadores que são também adversários do positivismo: primeiro em Bergson que, no admirável capítulo I de *Matéria e Memória*, nos mostra que a percepção coincide com a coisa no instantâneo, de tal modo que a percebemos não em nós, mas lá onde ela está, sendo preciso envolvê-la de lembranças e dar-lhe a coloração do passado para que se transforme em um estado subjetivo e pareça nos pertencer; em Meyerson que, contrariamente ao positivismo, crê na existência de uma realidade substancial, que o cientista tenta conhecer e da qual busca se aproximar cada vez mais, embora, por uma espécie de paradoxo, todo o esforço da razão seja abolir sempre a diversidade que as coisas não cessam de nos oferecer; em Maritain e nos neotomistas, igualmente, que se opõem tanto ao positivismo quanto ao idealismo e que, mesmo reconhecendo que só pode haver objeto para um sujeito, exigem que nesse objeto, e por assim dizer através dele, possamos apreender uma coisa real, que subsiste por si e permanece irredutível ao pensamento que temos dele. Enfim, repudiando qualquer ligação com os pensadores que acabamos de citar, inclusive os criticando às vezes com aspereza, um jovem filósofo, Ruyer, em um livro bastante discutido e intitulado *Esquisse d'une Philosophie de la Structure* [Esboço de uma Filosofia da Estrutura], busca estabelecer os princípios de um realismo integral que pode servir de tema à nossa reflexão.

****

A originalidade de Ruyer está no pensamento de que o real é sem mistério. O real não possui plano de fundo destinado a suscitar os poderes da emoção e do sonho. É um erro ver nele o "inteligível espessado"; deve-se tomá-lo tal como é, em uma experiência que nos dá imediatamente sua verdadeira natureza; deve-se sobretudo abandonar todos os falsos problemas que os filósofos colocam sobre sua origem, e mesmo sobre sua relação com um espírito que buscaria dominá-lo ou deduzi-lo. O real é o que somos capazes de atingir; mas ele não desaparece, como pensa o idealismo, quando cessamos de percebê-lo; conserva então todas as suas características próprias; perde apenas aquelas resultantes do seu encontro conosco e que produziam em nós sua imagem.

Mas o privilégio do real é mostrar-se a nós; descobrimo-lo sempre em uma revelação: trata-se, portanto, de reconhecer qual é o aspecto que ele apresenta aos nossos olhos. Ora, dizer que ele adquire certo aspecto é dizer que possui sempre uma estrutura ou uma "forma". Eis aí a palavra essencial, enfim pronunciada; o real é constituído por formas e nele não há outra coisa senão formas; os elementos que podemos distinguir nessas formas são eles mesmos formas inferiores suscetíveis de entrar em diversos arranjos. A palavra *forma*, que conheceu grande fortuna no aristotelismo e na escolástica, recebe assim um crédito novo. Mas a forma de que falamos não é mais uma unidade ideal que imprime sua marca sobre o real: é uma ligação objetiva entre certas posições do espaço e do tempo que pode ser apreendida por uma experiência e que possui fora de nós uma existência global e independente.

Estamos aqui muito distantes da representação do universo a que nos habituou a filosofia tão sutil e maleável de Bergson: não vemos mais os diferentes aspectos do real se interpenetrarem e se fundirem, as fronteiras entre as coisas se apagarem, cada uma delas cercada de uma espécie de halo que a faria se irradiar sobre a totalidade do mundo. Não estamos mais na época em que a luz dissolvia todos os contornos, mas na época em que ela sublinha planos e circunscreve volumes.

Ora, a originalidade mais profunda do realismo é precisamente considerar que a estrutura da experiência exprime não os diferentes efeitos de uma modelagem a que o espírito submeteria uma matéria inicialmente informe, mas as propriedades fundamentais das coisas mesmas. Assim, vemos outros realistas, como Meyerson, ora buscando reconhecer, em meio à complexidade da natureza, certas *fibras* compostas de fenômenos sempre solidários, ou certos *planos de clivagem* que permitem o aparecimento de leis, ora afirmando que existe, entre os atributos do real, uma *coerência* essencial que introduz no mundo formas definidas e independentes. Da mesma maneira, Whitehead considera que os objetos são feixes permanentes de propriedades que podem se repetir e que entram como ingredientes em acontecimentos passageiros feitos do seu arranjo. Há inclusive psicólogos que pretendem provar que a consciência apreende imediatamente certos sistemas de posições sem ter de reconstruí-los partindo de seus elementos; e mostraremos um dia a amplitude que adquiriram, na Alemanha contemporânea, todas essas pesquisas experimentais que, justamente, foram reunidas sob o nome de teoria da forma ou de *Gestalttheorie*.

Mas o pensamento de Ruyer segue um movimento que lhe é próprio, e que é tão direto e tão simples que nos perguntamos às vezes se ele abole a filosofia ou a liberta. Uma vez que a característica do real é mostrar-se a nós no espaço e no tempo, devemos imediatamente reconhecer que todos os objetos têm no espaço certa configuração particular e que todos os acontecimentos têm no tempo um ritmo próprio. Mas convém não se deixar deter pela concepção tradicional da ciência segundo a qual esses objetos ou esses acontecimentos não seriam senão puras aparências que dissimulam ações mecânicas entre corpúsculos separados. Certamente estamos acostumados, desde Demócrito, a considerar que o real é formado de átomos que não cessam de se chocar e que, ao se reunirem e ao se dispersarem, dão origem à diversidade dos aspectos do mundo. E a nossa representação da matéria sempre se conformou a esse modelo. Assim, Poincaré podia comparar o mundo, tal como a mecânica nos apresenta, a uma "imensa partida de bilhar", uma partida, é verdade, na qual não se vê jogador nenhum, nem sequer para dar a tacada inicial do jogo. A teoria eletrônica introduz imagens novas, mas ainda pulveriza o real, segundo Eddington, em um "enxame de moscas vibratórias". Ora, o próprio do realismo é sustentar que as ligações têm tanta realidade quanto os elementos que elas ligam.

Não se poderia contestar que a ideia da forma é tomada da nossa experiência visual: é o jogo de sombra e luz que desenha a forma dos corpos, e é o olhar que permite percorrê-la e abarcá-la. O tato tem mais dificuldade em captá-la, não reconhece sua unidade tão depressa. Toda forma, portanto, existe evidentemente no espaço: só que a teoria da relatividade nos ensinou que o espaço e o tempo não podem ser separados, o que nos obriga a considerar cada forma como um sistema conjugado de pontos e de instantes. Esse sistema abrange todo o real. Seria vão afirmar que a forma delimita e circunscreve uma matéria postulada inicialmente: a própria matéria não é mais que uma forma, isto é, uma dobra desse Espaço-Tempo que constitui para nós a totalidade do universo. O movimento também é uma forma: e o tipo mais distinto da forma é a máquina construída pelo homem e que deve ser apreendida simultaneamente em suas engrenagens e em seu funcionamento. Todos os acontecimentos históricos são formas: e a forma do ser vivo não é apenas sua aparência exterior nem a disposição dos seus diferentes órgãos, é também o sulco que ele traça no mundo entre os limites do nascimento e da morte. Há assim uma evolução das formas: elas não cessam de interferir umas com as outras e, portanto, de se criar e de se destruir.

Uma classificação das diferentes formas deveria representar, a nosso ver, a estrutura mesma do universo. O tipo elementar da forma é certamente a figura geométrica que podemos engendrar por uma lei simples: e a natureza nos oferece um claro testemunho disso no cristal. Dando a essa palavra um sentido mais amplo, podemos dizer que a propriedade essencial do real é que ele cristaliza. Todas as obras da indústria humana têm por objeto fazer aparecer no mundo alguma forma nova: e é próprio da física e da química encarregar-se da obra da natureza, reconhecendo formas que nos permitam penetrar, por assim dizer, na sua textura e nela introduzir uma possibilidade de ação. Os vegetais e os animais, a árvore ou o pássaro são formas tão variadas, tão delicadas e flexíveis que obedecem a uma geometria que nos ultrapassa: não se pode querer pensá-los reduzindo-os a esquemas rígidos que os privam de tudo o que faz sua individualidade, sua vida e sua poesia, isto é, sua realidade mesma.

Será que é possível encontrar outra coisa além das formas, dentro ou fora de nós? Não pode um raciocínio ser comparado a uma máquina mental? Não nos habituou a psicanálise a discernir na alma humana estranhos "complexos", mais ou menos estáveis ou frágeis, mas que desenham a todo instante a forma do nosso eu? O que é nosso caráter, senão a ordenação interna dos nossos estados e das nossas tendências? E os sentimentos mais profundos como o amor, os movimentos mais inesperados e mais pessoais da imaginação e do desejo, o que são senão modificações do nosso equilíbrio interno, das mudanças de configuração do nosso ser secreto? Conhecer-se, portanto, é perceber uma forma que nos revela a nós mesmos. E Ruyer cita este texto notável de Marcel Proust, que, melhor do que qualquer psicólogo, nos tornou perceptível a infinita fluidez da consciência: "Esse conhecimento, que não me haviam dado as mais finas percepções do espírito, acabava de se produzir em mim, duro, brilhante, estranho *como um sal cristalizado* pela brusca realidade da dor".

***

É uma pena que, a fim de dar mais força e unidade a sua tese, Ruyer a tenha comprometido com uma interpretação do conhecimento que a experiência não confirma. Aceitaremos que o universo é constituído de formas que se oferecem sempre a nós no espaço e no tempo, e que as imagens mentais são elas próprias formas particulares que exprimem a ligação do real e do organismo. Não contestaremos a metáfora que faz da sensação uma chave que, ao abrir essa fechadura que é para nós o cérebro, nos dá acesso ao real, nem mesmo a suposição, embora gratuita, de que, se pudéssemos construir um autômato que possuísse toda a fina arquitetura do nosso sistema nervoso, ele seria provido de consciência. Concordaremos que a imagem, sendo uma forma, deve agir sobre o real e não permanecer ineficaz, como o queria o epifenomenismo. Mas, embora seguramente não haja conhecimento que não suponha uma ação do cérebro e uma relação do objeto com ele, não é verdade que "as lembranças e as sensações são realidades encerradas pelos ossos do nosso crânio". Esse cérebro que controla o nosso organismo é a sua parte mais insensível e a mais ignorada: aprendemos a descobri-lo como uma forma estranha nos atlas de anatomia. E, já que se atribui justamente à imagem o caráter de ser extensa, por que devemos nos recusar a situá-la, como o fazem Bergson e o senso comum, no lugar mesmo em que a vemos, e forçá-la a entrar em um cérebro que não vemos?

É difícil não se deixar fascinar pelas imagens, isto é, pelas formas. E assim o espírito, no final, se absorve nelas e vê sua própria realidade se desvanecer. Ruyer considera vazias de sentido as palavras *ideia* e *pensamento*; lamenta ser ainda obrigado a se servir dos termos *conhecimento*, *vontade*, *intenção* e, sobretudo, dos pronomes pessoais. A todo instante ele abole o espectador no espetáculo, mas esquece a si mesmo, que domina esse espetáculo, no momento em que o descreve. Por certo é louvável seu desejo de ser justo com o universo visível e de investigar simplesmente, como diz Aristóteles, "o que foi dado a cada coisa ser". Mas seu realismo se assemelha muitas vezes a um idealismo às avessas. Pois, se ele não consente em imobilizar os seres e as coisas no palácio da Bela Adormecida, é porque as formas estão sempre em formação; elas se constroem sob os nossos olhos; mesmo quando não têm necessidade da nossa intervenção, elas nos fazem assistir à sua gênese. Não podemos vê-las sem refazê-las; quando elas se apresentam, é a inteligibilidade do real que se faz presente a nós. Ruyer teme, acima de tudo, atribuir à consciência a menor eficácia na criação das formas que o mundo é capaz de assumir; mas podemos pensar que é na consciência que ele persegue este sonho encantador e contraditório: "Que o homem volte a ser inconsciente como os cristais de gelo que se formam nas vidraças, para produzir formas tão ingenuamente originais como as das pequenas plantas da geada".

4 de dezembro de 1932.

3. De Demócrito a Louis de Broglie[1]

Os progressos da ciência sempre foram observados pela reflexão filosófica, enquanto as especulações dos filósofos deixa indiferente a maior parte dos cientistas. Estes se habituaram a resolver problemas particulares por métodos positivos e a obter resultados verificáveis. Assim, não hesitam em chamar de quimeras todas as pesquisas mais gerais sobre a significação de um universo do qual se limitam a descrever a face. Se, eventualmente, erguendo a cabeça acima da tarefa cotidiana, eles se colocam uma questão sobre o valor da personalidade humana e sobre seu destino, então ou se dirigem à religião, que lhes fornece uma resposta pronta, ou se encerram na crença desesperada em um absoluto incognoscível. O filósofo, porém, acompanha com a mais exata atenção o movimento das ideias científicas, pois o mundo material é o objeto imediato do nosso pensamento, é o lugar da nossa ação. Para nós, ele é um obstáculo e um instrumento. É ao buscar conhecê-lo que a inteligência descobre suas próprias leis. É ao buscar modificá-lo que nossa vontade descobre seus limites e sua força. Por isso, tão logo o cientista nos obriga a transformar nossa representação

---

[1] *Démocrite*, tradução de Maurice Solovine, 1 vol. (Alcan). *Epicure*, tradução de Maurice Solovine, 1 vol. (Alcan). *Louis de Broglie*, artigos da *Revue de Métaphysique et de Morale* (out./dez. de 1927 e out./dez. de 1929), dos *Cahiers de la Nouvelle Journée* (n. 15, de 1929) e da *Revue Scientifique* [número de 11 de janeiro de 1930].

da realidade, o filósofo tenta captar, através dessa transformação mesma, a possibilidade de uma nova ordem de relações entre a consciência e a natureza. O cientista protesta muitas vezes contra tais interpretações. Ele só poderia se responsabilizar por elas se passasse a filosofar. Mas, sem ir ele próprio até esse ponto, o cientista chama e às vezes provoca a reflexão do filósofo sobre os resultados que acaba de obter. Foi assim que Louis de Broglie, na conferência feita em Estocolmo em 11 de dezembro de 1929, por ocasião da entrega do prêmio Nobel, reconheceu que a discussão de suas descobertas deve conduzir naturalmente "aos confins da filosofia". Noutra oportunidade, ele declarou com mais precisão ainda que cabe aos filósofos ver se as novas ideias da física moderna "podem contribuir em certa medida para cobrir o fosso que até agora separou artificialmente o mundo material do mundo moral".

Quais são então essas ideias novas para as quais o cientista quer chamar a atenção do filósofo e das quais se chegou a dizer que constituíam a maior mudança já ocorrida em nossa representação da matéria desde a época de Demócrito? Pois Demócrito foi certamente o primeiro a propor ao espírito humano esta imagem do universo que ainda exprime fielmente o aspecto geral da nossa física: uma infinidade de corpúsculos em eterno movimento disseminados em um vazio sem limites. Todos os físicos que lerem a tradução francesa de Demócrito feita por Solovine na certa ficarão impressionados com o tom moderno da sua obra: os resultados pereceram, o método continua o mesmo. Demócrito considera subjetivas e relativas as qualidades sensíveis. Busca explicá-las por elementos invisíveis capazes de formar, ao se combinarem, um mundo satisfatório para a razão. Assim, esses elementos serão absolutamente duros, a fim de fornecer às operações do pensamento um primeiro termo invulnerável. Essa condição, mais lógica do que física, é a única essencial. Além disso, Demócrito deixa sua natureza indeterminada. O átomo é "algo" que deve permitir ao pensamento exercer-se. Caberá ao pensamento representar o lugar dos átomos, seu movimento, as leis dos seus choques e do seu arranjo.

A concepção de Demócrito encontrou defensores entre os materialistas de uma ponta a outra da história. Foram eles que conservaram a caução do método científico. No entanto, a hipótese dos átomos haveria de permanecer até os tempos modernos uma simples noção do espírito, pois os antigos não praticavam a experimentação. Ora, nossa ciência se baseia inteiramente nela: embora não possamos nem isolar nem perceber os corpúsculos, a experimentação nos obriga a estabelecer entre eles certas relações para que os fatos observáveis possam receber uma interpretação. Com isso, a velha doutrina que permanecera mais ou menos estéril até hoje obteve uma renovação maravilhosa: ela permitiu representar por imagens suficientemente distintas de que modo as coisas devem se passar para que se possa verificar, em química, a lei das proporções múltiplas, e em física, a teoria cinética dos gases; ela só conheceu sucessos na explicação dos fenômenos elétricos. Assim, o corpúsculo deu lugar às noções mais precisas de molécula, de átomo químico e, por fim, de elétron. A matéria é um turbilhão de elétrons; mas esses elétrons são eles próprios indivíduos distintos que ocupam um lugar, percorrem uma trajetória e se submetem, como os elementos de Demócrito, às leis de um determinismo rigoroso. Segundo uma comparação já célebre, a mesa sobre a qual escrevo não deve ser considerada uma realidade maciça, e sim um enxame de moscas vibratórias que seguram meu papel pelos choques de cima a baixo que não cessam de lhe imprimir.

Mas essa física tradicional deparou com uma segunda concepção completamente diferente. Em vez de concentrar a realidade em elementos distintos que se movimentam no interior de um espaço encarregado apenas de lhes dar passagem, a física ondulatória passou a explicar os fenômenos por oscilações que se propagam na espessura mesma do espaço, como ondas. Essa segunda representação foi sugerida pelo estudo dos fenômenos luminosos e remonta a Huyghens. Enquanto a teoria newtoniana da emissão continuava fiel às imagens corpusculares, Fresnel conseguiu introduzir na ciência a teoria ondulatória ao explicar, graças a ela, certos fenômenos contestados, como o das interferências. Desde então, a teoria ondulatória conheceu quase tanto sucesso quanto sua rival e reina, em particular, no mundo infinitamente vasto das radiações. Todos os espíritos se familiarizaram com as ideias de frequência e de comprimento de onda, pelas quais as diferentes radiações se distinguem umas das outras e se submetem à medida. O ponto importante é que, na teoria ondulatória, não há mais, como na teoria corpuscular, corpos distintos ou individuais dos quais se estudam as relações recíprocas. A realidade se torna uma superfície de dobras contínuas. Se quiséssemos buscar um símbolo dessas duas tendências opostas do nosso pensamento, que considera as coisas ora sob o ângulo do descontínuo e do individual, ora sob o ângulo do contínuo e do inseparável, poderíamos pensar na própria história da humanidade, uma vez que a consideramos ora como uma reunião de seres independentes que ocupam um lugar preciso no espaço e no tempo e mantêm entre si relações determinadas, ora como um fluxo de gerações que se propagam de maneira ininterrupta, no qual os indivíduos parecem ser arrastados e até certo ponto abolidos. A originalidade de Louis de Broglie foi conseguir conciliar essas duas representações aparentemente contrárias.

A teoria das ondas e a dos corpúsculos teriam necessariamente de se confrontar, já que a radiação pode ser emitida pela matéria ou ser absorvida por ela. Nesse confronto, a representação descontínua do mundo físico obteve novas vitórias. De fato, para explicar o equilíbrio térmico entre a matéria e a radiação, Planck foi levado a sustentar que cada fonte emite sua radiação por "grânulos" sucessivos que ele chamou de "*quanta* de energia". E talvez fosse mais conveniente chamá-los "jatos" em vez de "grânulos", para mostrar que eles não têm no espaço a mesma coerência que os corpúsculos. Retenhamos apenas esta fórmula simples, que é a chave de todos os desenvolvimentos posteriores da teoria: a energia de cada um desses jatos é proporcional à frequência da radiação. A própria luz revelou então uma estrutura granular: pois não se podia explicar de outra maneira de que modo um feixe luminoso que incide sobre um fragmento de matéria retira dele elétrons cuja energia cresce com sua frequência e é independente da sua intensidade. Esse extraordinário sucesso da hipótese da descontinuidade encontrou sua forma mais impressionante na representação hoje célebre que o físico dinamarquês Niels Bohr deu do átomo, em 1922: não apenas este é comparável a um sistema astronômico formado por um sol central, o próton, em torno do qual os elétrons girariam como planetas, mas também esses elétrons não podem ter senão certos movimentos privilegiados que correspondem a certos valores da sua energia. Quando possuem um desses valores, eles ficam estáveis, e sempre passam de um a outro por transições bruscas.

Era impossível, porém, abandonar a teoria ondulatória, a única que parecia capaz de explicar os fenômenos de interferência e de difração. Louis de Broglie conseguiu mostrar que a nova física dos corpúsculos, em vez de excluir a física das ondas, não pode passar sem ela. A observação fundamental da qual deriva sua descoberta tem a ver, parece, com a impossibilidade de definir o corpúsculo de luz fora da sua relação com uma frequência. Ora, a ideia de uma frequência ou de uma periodicidade não tem sentido em uma teoria puramente corpuscular e nos faz necessariamente retornar à teoria das ondas. Do mesmo modo, se no interior do átomo os elétrons têm movimentos estáveis e descontínuos, a noção de elétron parece inseparável também de uma periodicidade. Com isso fomos levados a considerar que todo corpúsculo é acompanhado de uma onda que guia seu movimento, ou ainda que ele flutua na superfície de uma onda, como uma rolha. Assim se constituiu uma mecânica nova, a *mecânica ondulatória*, que permitiu que as leis da antiga mecânica fossem consideradas aproximações. Ela explicou os fenômenos de interferência e de difração por uma densidade da nuvem corpuscular proporcional em cada ponto à intensidade da onda. Mostrou de que maneira esses mesmos fenômenos ou fenômenos análogos podiam ser obtidos com outras partículas que não as de luz – por exemplo, com elétrons.

Interpretou os movimentos descontínuos do elétron no interior do átomo, associando ao elétron ondas estacionárias com frequências distintas, comparáveis às vibrações captadas entre as faces de um tubo sonoro que produzem o som fundamental ou um dos seus harmônicos.

Até aqui, o filósofo se encontra ainda à vontade no interior da nova mecânica. Ele fica até mesmo satisfeito de ver realizada uma espécie de síntese do contínuo e do descontínuo, de poder ainda fixar o olhar em indivíduos físicos que, em vez de ficar isolados e como que perdidos em um meio indeterminado, participam de um fenômeno periódico inseparável do próprio meio: em certo sentido, eles são comparáveis aos seres humanos levados pelas gerações sucessivas. Por um momento, portanto, pôde-se acreditar que seria possível definir os elementos como pontos singulares no interior de uma onda de propagação. Mas logo foi preciso abandonar essa esperança. Heisenberg mostrou que não se podia medir com precisão ao mesmo tempo a posição e a velocidade do elemento. "Quanto mais precisa for a medida da posição, menos exata será a determinação do movimento, e vice-versa." Se para observar um corpúsculo é preciso iluminá-lo, a energia própria do grânulo de luz introduz no fenômeno uma perturbação análoga àquela que a introspecção produz no exame dos fenômenos da consciência. Sendo assim, a ideia de onda receberá uma significação nova: ela se torna mais um ser ideal do que um ser real. Após cada observação, podemos construir uma onda cujas características assinalam a incerteza dos nossos conhecimentos sobre o lugar e o movimento do corpúsculo. Ela exprime a probabilidade com que podemos atribuir ao corpúsculo tal lugar e tal movimento particulares. Sempre que o corpúsculo manifesta de novo sua presença, adquirimos sobre ele novas informações que nos permitem construir uma nova onda, e assim por diante, indefinidamente. A cada vez ele parece escolher entre várias possibilidades: mas essa escolha restringe e permite determinar integralmente as possibilidades futuras. Desse modo, foi preciso abandonar a ideia de dobras do espaço pelas quais se havia tentado representar as ondas: não se pode mais falar senão de uma "propagação ondulatória da probabilidade". As próprias leis de causalidade tornam-se leis de probabilidade. O indivíduo físico deixa de ocupar no espaço um lugar determinado. Segundo Louis de Broglie, ele tem contornos um tanto vagos e, embora a necessidade reapareça na escala habitual das nossas grandezas – porque nelas a contingência é mascarada pela imprecisão das nossas medidas –, haveria na escala microscópica uma espécie de "livre-arbítrio da natureza".

Eis a palavra mais grave, finalmente pronunciada. Não é a primeira vez que a física corpuscular propõe instalar a ideia de certa indeterminação no núcleo mesmo da realidade. Epicuro já admitia que os átomos tinham a aptidão de se afastar espontaneamente, mas infinitamente pouco, do seu movimento natural. Ele queria assim explicar ao mesmo tempo o encontro inicial dos átomos, cujas leis escapam à observação, e salvaguardar a possibilidade da liberdade humana. Seja qual for o progresso das nossas experiências, o espírito humano, em todas as épocas da sua história, se lança sempre nos mesmos caminhos.

Que não se espere, porém, poder imaginar uma ação infinitesimal da vontade livre que se valeria da contingência dos movimentos do elétron na escala microscópica para verificar, em seguida, as leis da necessidade física na escala usual, pois a operação de um espírito sem lei sobre um elétron sem bússola é um monstro incapaz de adquirir vida. Que não se espere, tampouco, poder atribuir ao elétron, em um sistema material, uma independência comparável à do indivíduo no grupo social, confiando, em seguida, em leis estatísticas para restabelecer a necessidade no interior do sistema ou do grupo: pois a independência não pertence ao indivíduo, mas à consciência do indivíduo, e ninguém pensa em atribuir consciência ao elétron.

Não iremos transpor o fosso que separa o mundo material do mundo moral, confundindo a liberdade do cientista, que pode escolher entre várias hipóteses, com a liberdade do elemento, que poderia escolher entre várias trajetórias. A própria ciência se apresenta como uma fenomenologia. Ora, a liberdade não pode existir no fenômeno, mas apenas na consciência que o pensa e que o utiliza. O determinismo é o rastro da ciência adquirida: somente o passado é rigorosamente determinado; por isso a ciência é descrição e não previsão.

As leis de probabilidade assinalam a originalidade irredutível do futuro em relação ao passado, e o grau de independência do espírito em relação à matéria. No limite, temos a probabilidade perfeita ou a necessidade: ela vale apenas para a matéria, que é o ser realizado. Em contrapartida, o máximo de improbabilidade será expresso pela ideia da criação *ex nihilo*, que é o antípoda do conhecimento do mundo criado. Entre esses dois extremos, podemos dispor todas as criações originais da consciência, tais como a previsão do futuro e o exercício da liberdade. O futuro depende de certas condições que não podemos conhecer todas, mas que nos permitem pelo menos introduzir a ideia de certos hábitos da natureza aos quais se adaptam as fórmulas normais da probabilidade. Quanto à liberdade, ela rejeita qualquer analogia com uma contingência que estaria nas coisas. Ela é, antes, o contrário disso. Essa contingência a privaria da sua força e dos seus meios, a tornaria impotente. A liberdade é a marca de um espírito que dilata indefinidamente sua esfera de influência sobre o real e reúne sempre em um mesmo ponto novos fatores de determinação. Somente sob essa condição ela pode renunciar ao hábito para se entregar à invenção, interiorizar todas as suas razões de agir e motivar todos os seus atos no momento mesmo em que parece torná-los mais imprevisíveis.

16 de fevereiro de 1930.

4. A REPRESENTAÇÃO DO ESPAÇO

De todas as nossas representações, o espaço é a mais familiar e a mais misteriosa. É no espaço que está situado nosso corpo com todos os corpos que o cercam. É no espaço que as coisas adquirem para nós uma figura e que conseguimos desenhar o contorno delas, isto é, conhecê-las. O espaço cria a independência mútua de todos os seres ao separá-los por um intervalo; mas, ao permitir-lhes modificar sua proximidade ou seu afastamento, ele lhes permite também agir uns sobre os outros e transformar a cada instante o aspecto do universo. E, no entanto, o espaço é a mais misteriosa das coisas; diz-se, às vezes, que ele se assemelha a um vaso infinito no qual estaria contido tudo que é, mas que ele próprio seria nada. É que não é possível defini-lo fora dos objetos que o preenchem: é preciso, assim, que o espaço seja, de certo modo, uma propriedade comum a eles. Mas que propriedade é essa? Deve-se dizer, como Descartes, que ele é a substância mesma, o tecido no qual são recortados os objetos e ao qual o movimento não cessa de dar uma configuração nova? Ou exprime apenas uma lei puramente intelectual pela qual representamos as relações desses objetos entre si? É ele somente a condição ideal e, por assim dizer, o esquema de todas as suas relações possíveis?

Há uma experiência do espaço: e só a adquirimos aos poucos, graças a um sistema de correspondências entre as sensações visuais, as sensações táteis e as sensações musculares.

O espaço é primeiramente, para nós, um globo de luz limitado pelo horizonte, e somos o centro desse globo. Os objetos opacos rompem sua continuidade como ilhas em um oceano. Mas os objetos da visão aumentam, diminuem ou se deformam segundo a posição que ocupamos em relação a eles. Ao contrário, quando entramos em contato direto com eles, o tato parece nos revelar a constância da sua grandeza e da sua forma. E o próprio do movimento, ao nos permitir transpor o intervalo que nos separa deles, é trazê-los até a superfície do nosso corpo e, portanto, fazer coincidir as imagens visuais sempre diferentes com os objetos resistentes e invariáveis que o tato nos faz perceber. Assim a experiência muscular compõe o espaço da visão e o espaço do tato em um espaço único.

Tais correspondências nos parecem tão bem estabelecidas que rapidamente esquecemos sua origem comum: então o espaço se torna para nós um puro objeto de pensamento, um meio perfeitamente indiferente que se presta a todas as construções da imaginação, mas no qual o espírito busca, primeiro, edificar uma arquitetura figurada que satisfaça as necessidades de unidade, de simplicidade e de estabilidade, inseparáveis do seu exercício mais espontâneo. Assim se constitui a geometria euclidiana, que, nascida de uma espécie de interpretação e depuração do mundo sensível, tornou-se para nós sua regra e seu modelo. Ela nos permitiu obter um mundo de objetos perfeitos, semelhantes a belos cristais transparentes; estes podem ocupar todos os lugares do espaço infinito e mergulhar à vontade em um abismo sem propriedades que nunca lhes impõe a menor alteração.

Só que o espírito é possuído por seu próprio jogo. Ao esvaziar o espaço de toda realidade concreta, ao transformá-lo em um meio imaterial e diáfano encarregado apenas de acolher todas as combinações que ele mesmo for capaz de inventar, o espírito se afasta aos poucos da experiência: a geometria se converte em uma espécie de exercício puro. De início, o espírito se limita a definir figuras que consegue construir por uma operação ideal, a concebê-las por uma imaginação sensível cada vez mais fina. Mas logo rejeitará esses limites: do espaço ele irá reter apenas uma multiplicidade infinita de elementos que devem se prestar a todos os arranjos. E esses arranjos formam sistemas que se distinguem pelas regras às quais o pensamento se submete para produzi-los, como vemos em todos os jogos nos quais se exerce nossa atividade livre. Temos então a impressão de haver criado, por nossas definições e por nossos cálculos, uma pluralidade de espaços, ou melhor, de mundos abstratos compostos de signos e de símbolos, todos singularmente afastados do espaço sensível, mas que nos permitirão voltar à experiência que abandonamos. Pois cada um deles exprime um conjunto de combinações possíveis, entre as quais poderemos escolher as que mais comodamente se adaptem à representação cada vez mais complexa que fazemos da realidade.

A evolução da geometria realiza, portanto, um circuito paradoxal. Pois essa ciência foi, de início, puramente empírica, a simples medida da terra; mas logo isolou todas as operações que nos havia ensinado a fazer sobre corpos reais, para considerá-las em si mesmas, em sua potência construtiva; com isso engendrou os sólidos perfeitos de Euclides, que eram ainda, para ela, objetos de intuição. Depois abandonou a intuição, assim como havia abandonado a experiência, para substituí-la por métodos de cálculo; e, no momento em que parece ter atingido o auge da abstração, volta-se para essa realidade infinitamente sutil que os instrumentos nos fazem conhecer, como se pedisse para ser julgada por ela: busca então estabelecer uma correspondência rigorosa entre suas invenções aparentemente arbitrárias e as características mesmas do espaço real, considerando-o agora solidário a seu conteúdo e recusando-se a abandoná-lo, a fim de melhor conhecê-lo. Assim se explica a dupla surpresa vivida pelo público culto, mas pouco familiarizado com o trabalho dos cientistas, quando viu, primeiro, se constituírem geometrias não euclidianas que frustravam todos os esforços da sua imaginação para conceber nessa nova linguagem as figuras mais familiares, e quando viu, a seguir, a teoria da relatividade se valer dessas mesmas geometrias para nos dar do universo físico uma tradução mais exata e fiel que aquela à qual a mecânica clássica nos havia acostumado. Mas esse encontro não podia ser fortuito, e gostaríamos de tentar fazê-lo compreender por algumas observações elementares.

É difícil fazer uma escolha entre os inúmeros livros que poderiam ajudar o leitor a compreender o sentido das novas concepções do espaço. Podemos citar, a título de indicação, entre os mais acessíveis, além das obras clássicas de Poincaré, o livro já antigo de Emile Borel, *L'Espace et le Temps* [O Espaço e o Tempo], que se dedica principalmente a descrever os procedimentos de medida do espaço físico; o notável livro de Schlick intitulado *Espace et Temps dans la Physique Contemporaine* [Espaço e Tempo na Física Contemporânea], que se apresenta como uma introdução à teoria da relatividade e da gravitação; *Essai sur quelques Caractères des Notions d'Espace et de Temps* [Ensaio sobre algumas Características das Noções de Espaço e de Tempo], de René Poirier, cuja visada é mais propriamente filosófica, repleto de análises sutis, mas cujas conclusões são sobretudo negativas; enfim, o *Novo Espírito Científico*, de Gaston Bachelard, em que encontramos uma visão de conjunto sobre as principais direções da mecânica e da física contemporâneas.

É preciso remontar a Descartes para compreender como o espírito passou gradualmente do espaço intuitivo ao espaço abstrato. Foi ele que realizou a fusão da álgebra e da geometria. Foi graças a ele que o espaço pôde ser reduzido a um conjunto de números de diferentes espécies sobre os quais se efetuam diferentes operações. As propriedades do espaço não são hoje nada mais que as propriedades desses números e dessas operações. Assim, haverá tantas geometrias quantas se quiser: e não há motivo para se perguntar se uma geometria é mais verdadeira ou mais racional que outra; essa questão não tem mais sentido do que teria se quiséssemos colocá-la a propósito do jogo de xadrez e de damas.

Em contrapartida, essas diferentes geometrias podem ter valor muito desigual no que se refere a seu grau de simplicidade – e, portanto, a seu caráter estético –, ou à sua utilidade na interpretação dos fenômenos físicos. E, se é possível aproximar a atividade do cientista à do artista, compreende-se que Poirier possa comparar o espaço à

> (...) obra do pintor cujos olhos vão às vezes do modelo à tela, mas que na maioria das vezes constrói na imaginação suas figuras,

das quais reconhece a seguir os traços nos corpos reais. Pois as obras abstratas simbolizam com a natureza, mas não a copiam.

Sendo assim, como pode ocorrer o encontro do espaço abstrato com a experiência? Entre as diferentes formas de multiplicidade que a geometria considera, por que a multiplicidade em quatro dimensões goza de uma espécie de privilégio? Por que se fala de um espaço curvo, quando outrora a curvatura era sempre a propriedade de uma figura particular em um espaço plano?

Na introdução de uma quarta dimensão, porém, não havia nada que pudesse nos surpreender. Pois

> (...) assim que a geometria começa a se desenvolver de maneira puramente analítica, o espaço e o tempo passam a nela desempenhar o papel de parâmetros que diferem apenas pelo nome. Segundo Lagrange, a mecânica põe em jogo somente grandezas geométricas e não é senão uma geometria em quatro dimensões.

Não esqueçamos que Bergson nos preparou, de certo modo, para considerar que o tempo físico está integrado no espaço pelo qual é medido, e que a velocidade da luz é talvez a verdadeira definição do tempo. Na realidade, o tempo é uma variável que só se poderia negligenciar, na representação dos objetos que preenchem o espaço, se estes de repente se petrificassem: trata-se de uma variável em função da qual todas as outras querem ser expressas.

Mas se o espaço e o tempo são números, a massa, o campo elétrico e as propriedades físicas dos corpos também são números. Assim, se nos dermos tantas dimensões que podemos distinguir quantas são as variáveis independentes em um campo científico, não haverá um único aspecto do saber que não possa ser geometrizado. Alguns poderão pensar que há aí um simples artifício de linguagem que nos obriga a ultrapassar infinitamente o campo do espaço primitivo no qual percebemos as figuras. Outros, porém, observarão que, se o espaço não pode ser separado daquilo que o preenche, e se conhecemos apenas as posições relativas ocupadas pelos corpos reais, o papel exclusivo e privilegiado da geometria é, de fato, produzir todas as variáveis que nos permitam determinar tais posições.

Contudo, mesmo aceitando de bom grado não buscar uma representação intuitiva das dimensões novas que a geometria analítica é capaz de introduzir em seus cálculos, o mesmo não se dá com a curvatura do espaço, pois a palavra *curvatura* evoca para nós uma imagem. Por mais que digam que se trata aqui apenas de um referencial de grandezas, de uma escolha que fazemos entre vários sistemas de coordenadas, e que é absurdo perguntar se as coordenadas polares são mais verdadeiras que as coordenadas cartesianas, parece-nos que a curvatura do espaço deveria nos ser perceptível – seja efetuando, como Gauss, a medida de triângulos de grandes dimensões e conseguindo mostrar, um dia, que a soma de seus ângulos é maior que dois retos, seja provando que o espaço no qual vivemos possui, de certo modo, um índice de refração, ou que se assemelha àquele espaço aparente de que fala Helmholtz, o qual,

> (...) situado atrás de um espelho convexo de fundo reduzido, nos obrigaria a atribuir aos corpos que nos parecem rígidos as dilatações e as contrações correspondentes, e nos faria renunciar, por exemplo, ao princípio de que todo ponto em movimento, subtraído à ação de uma força, se move necessariamente em linha reta.

Só que esquecemos sempre que,

> se todos os objetos se alongassem ou se encurtassem em um sentido único – por exemplo, no sentido do eixo da Terra –, as esferas tornando-se elipsoides de rotação, e os cubos, paralelepípedos, não conseguiríamos reconhecer essa deformação, uma vez que nossa régua se alongaria ou se encurtaria na mesma proporção. Essa deformação não seria perceptível nem à visão nem ao tato, porque nosso corpo, nosso globo ocular e as superfícies das ondas luminosas a sofreriam ao mesmo tempo.

Sendo assim, se as propriedades das figuras geométricas devem poder se exprimir em todos os sistemas possíveis de coordenadas, pode-se perguntar que interesse tem, para nós, atribuir ao espaço uma curvatura. Na realidade, a física clássica admite que todo ponto, se for livre, move-se em linha reta, mas que, se estiver submetido à ação de uma força, percorre uma trajetória curva. Ora, o espaço geométrico não pode ser considerado de forma independente dos movimentos que nele se desenrolam; portanto, ao atribuir uma curvatura ao espaço, pode-se pensar se não se conseguiria explicar a aceleração de um corpo por propriedades puramente geométricas, sem necessidade de fazer intervir uma força que a produz.

Se é verdade que o espaço possui uma curvatura real, caberia agora perguntar, devemos nos surpreender que ele possa ter tal curvatura e não outra? Então nos surpreenderíamos também, justamente, de que ele tenha três dimensões. Mas, assim como o espaço em três dimensões corresponde a uma perspectiva que adotamos sobre o mundo e que revela certamente o interesse privilegiado que possui para nós a consideração dos volumes imóveis, assim também o espaço curvo exprime outra perspectiva particular sobre este mundo, e que surge tão logo fixamos a atenção em certos movimentos e nas forças das quais eles parecem depender. Pois, se quisermos tornar o espaço solidário não apenas às figuras que o habitam mas também às forças que nele atuam, então teremos de exprimir em linguagem geométrica a ação dessas forças. Deixaremos imediatamente de considerar que o espaço é formado de pontos cujas relações seriam independentes dos corpos que o atravessam ou que o exploram. Teremos de imaginar, ao contrário, que o corpo em movimento cria o espaço no qual se move, em função das circunstâncias que encontra em seu caminho. Assim, o caracol constrói ele mesmo sua concha. E a curvatura do espaço, como um traçado de forças, irá variar conforme os diferentes lugares.

Mas, do mesmo modo que a junção do espaço e do tempo em um contínuo em quatro dimensões escapa a toda representação sensível, só conseguimos perceber a superfície curva do espaço euclidiano: e a curvatura do espaço inteiro não teria para nós sentido intuitivo a não ser em um espaço de ordem superior. Fala-se às vezes de um hiperespaço que conteria nosso espaço euclidiano assim como este contém o plano, o que nos permitiria comparar uma figura em três dimensões àquelas projeções a que se reduziria, para um ser perfeitamente plano, o conhecimento de um movimento que se produzisse na terceira dimensão que ele ignora.

Compreende-se agora que, se o espaço tradicional é relativo à forma das nossas imagens sensíveis, o espaço da ciência é relativo à forma das nossas medidas e das nossas leis. A geometria não impõe suas leis à experiência, mas, sim, lhe propõe expressões simbólicas. Com isso o espaço se liberta aos poucos de toda forma intuitiva para se tornar um instrumento de figuração algébrica. Newton acreditava que o espaço é absoluto e permanece sempre o mesmo em virtude de sua natureza própria e sem relação a um objeto exterior qualquer. Pensamos, ao contrário, que o espaço é uma realidade amorfa, que apenas os corpos nele contidos é que lhe dão uma forma. Assim, dizemos que ele não tem estrutura; nem a constituição euclidiana nem a constituição não euclidiana lhe são inerentes, "como tampouco a reta possui por ela mesma a propriedade de ser mensurável por quilômetros ou por léguas".

Mas se o espaço é o lugar dos corpos, ele é também o do pensamento, segundo Malebranche. E Platão dizia que Deus geometriza eternamente. Devemos então dizer, parodiando a fórmula célebre: "Deus criou o número inteiro e o matemático os restantes", que o espaço divino é o de Euclides e que os espaços não euclidianos são espaços puramente humanos? Tal é certamente o sentido desta frase cética de Poirier: "É possível que Deus veja claramente o parentesco do espaço e do tempo e sua curvatura; mas para nós, fixados com toda a nossa razão à nossa natureza de homens, se quisermos pensar outra coisa além de números sob os nomes de espaço e de tempo, devemos desistir de encontrar entre eles uma essência comum, e só podemos atribuir-lhes uma estrutura não euclidiana sob a forma de uma alteração dos referenciais que escolhemos". Será preciso acrescentar que a arte está sempre aí, obrigando-nos a "não deixar escapar a lenda sensível de nossos olhos pela lenda abstrata da nossa ciência"?

8 de junho de 1935.

5. Criação e evolução dos seres vivos

Não pode haver outro problema para o homem além do próprio homem. É que não percebemos imediatamente outra existência a não ser a nossa. Todos os seres que nos cercam são imagens que se nos oferecem: só podemos animá-las se atribuímos a eles a mesma vida cuja presença experimentamos em nós. Mas então descobrimos um parentesco entre o universo inteiro e nós: pois todas as formas do ser têm alguma semelhança ou alguma afinidade com nosso próprio ser. Elas realizam ora o esboço, ora o acabamento de certos traços cujo desenho encontramos em nós. Se a obra inteira da criação se abrisse à nossa frente, só poderíamos designar nosso lugar reconhecendo em torno de nós as etapas ideais do nosso próprio desenvolvimento, ou as linhas divergentes que ele teria podido seguir.

Tal é, com efeito, o empreendimento a que se dedicam os naturalistas. Eles comparam entre si todas as formas da vida, e o homem não é senão uma delas; alguns até mesmo se proíbem de interessar-se privilegiadamente por ele. Mas todos estão preocupados apenas com ele, tanto os que o fazem emergir de algum tipo de existência inferior, quanto os que, para elevar sua dignidade, querem que tenha sido o objeto de uma criação particular. Todos o colocam no topo da animalidade, seja para mostrar que ele a resume, seja para mostrar que ele a ultrapassa. Quanto ao grande público, as disputas que o darwinismo provoca em certas Igrejas norte-americanas mostram bastante claramente que ele só se interessa, nas teorias da evolução, pelas soluções que elas lhe trazem sobre o lugar do homem na natureza, sobre sua origem e sobre seu destino.

O século XIX foi o século do transformismo: abonou a ideia, que parecia confirmada pela paleontologia e pela embriologia, de que a vida produz de início formas simples que se complicam progressivamente, e de que o jogo dos fatores naturais é suficiente para explicar, ao mesmo tempo, o modo de variação e a ordem de sucessão. Essa fórmula dava ao espírito uma grande satisfação, porque parecia identificar o parentesco histórico dos seres com seu parentesco lógico.

Hoje ela parece esquemática e incapaz de explicar todos os fatos. Acontece mesmo de serem questionados alguns princípios que ela pressupõe e cuja discussão interessa tanto à metafísica quanto à ciência. Ela foi o objeto de fortes críticas, cuja expressão aparece em dois livros recentes. Um, com o título *Le Transformisme* [O Transformismo], se deve à colaboração de vários naturalistas, Cuénot, Gagnebin, Thomson, Vialleton, e de um filósofo, Dalbiez; esses cinco autores, embora divergindo em mais de um ponto, aceitam a ideia de descendência, mas não pensam que "a evolução resulte exclusivamente de forças mecânicas não dirigidas". O segundo livro, de Vialleton, intitula-se *L'Origine des Êtres Vivants* [A Origem dos Seres Vivos], para lembrar o livro célebre de Darwin, *A Origem das Espécies*, publicado setenta anos antes; tem por subtítulo *Illusion Transformiste* [Ilusão Transformista], para mostrar a incapacidade de se explicar "pelas simples forças naturais a formação do mundo vivo".

***

Outrora se opunha radicalmente a evolução à criação: a criação era o chamado à existência, por um poder sobrenatural, de um mundo que era sua obra; a evolução era o desenvolvimento gradual, segundo um princípio interno, de um mundo que era uma eclosão. Mas essas duas concepções já não deixavam de ter relações, pois a criação devia dar um lugar à evolução, a fim de permitir a cada ser vivo, entre o nascimento e a morte, formar sua própria natureza; a evolução, por sua vez, na medida em que cada forma de existência acrescentava algo àquela que a precedia, se assemelhava a uma sucessão de criações parciais. Mais ainda, a distância entre as duas concepções se atenuaria e mesmo desapareceria se, em vez de conceber a criação de um mundo como a realização por Deus de uma coisa – o que podia parecer indigno da sua perfeição –, admitíssemos representá-la como uma participação do seu poder, como uma espécie de doação através da qual, em vez de nada criar, ele não cessa de dar a tudo que existe a força mesma de se criar. A palavra *evolução* é suficiente para exprimir a ideia de uma natureza que é ao mesmo tempo criada e criadora. E, se a criação está em toda parte, é inútil invocá-la para explicar no mundo algum efeito particular. Vale dizer que a teoria da criação dá ao problema da origem da vida uma solução radical, mas que não pode nos dispensar, se a criação é ordenada, de buscar uma relação entre os diferentes seres criados.

Em contrapartida, a teoria da evolução deve renunciar a lançar indefinidamente sua própria solução em um passado inacessível, pois todos os elementos do problema se acham ainda sob os nossos olhos. A matéria e os diferentes graus da vida coexistem diante de nós. Ora, se podemos passar de um termo ao termo seguinte por uma complicação progressiva, temos muito mais chances de surpreender essa transição em uma experiência bem conduzida do que em uma hipótese aventurosa sobre a história das primeiras idades. Não se irá alegar que as condições do meio podem ter mudado, que outrora eram muito diferentes das nossas e bem mais favoráveis que estas para a gênese de formas de existência novas: é uma desculpa que pode seduzir uma imaginação preguiçosa, mas que uma ciência armada com os procedimentos rigorosos do método experimental tentará evitar. A característica da época moderna será transportar para o presente o velho problema das origens. A descoberta da relatividade do tempo poderá contribuir para isso. Talvez até as antigas explicações do presente pelo passado estejam votadas a conhecer certo descrédito. Descartes já afirmava que o ato pelo qual Deus conserva o universo a cada instante é o mesmo que aquele pelo qual o criou da primeira vez, o que retira toda a angústia sobre a primeira hora do mundo e torna singularmente emocionante a hora mesma em que vivemos. Notemos que é no mesmo sentido que certos biólogos contemporâneos, como Rabaud, não querem recorrer, para explicar os fenômenos da vida, senão a "causas atuais". Teríamos reservas sobre a interpretação materialista que ele dá dessas causas, mas, se a tentativa nos livrasse do gosto pelas lendas cosmogônicas, só poderíamos aplaudi-lo.

Entretanto, a doutrina da evolução se apresenta primeiramente como uma história dos seres vivos. E a ideia dessa história é tomada da ideia que fazemos do nosso próprio desenvolvimento individual, desde o germe até a idade adulta. Embora todo germe provenha de um ser vivo, ficamos orgulhosos, ao derivar assim as formas mais complexas da vida de suas formas mais simples, de diminuir por graus o intervalo que separa a vida da matéria inerte e, talvez mesmo, o ser do nada. Evita-se qualquer pronunciamento sobre o problema de saber se, após ter conhecido humildes começos, como o indivíduo, não haveria também para a história da vida um período de apogeu, seguido de declínio e morte. A história da vida parece tão exatamente calcada na história particular de um ser vivo que se acha natural aproximar uma da outra até confundi-las. De fato, sabe-se que, em sua forma mais perfeita, a teoria da evolução foi levada a considerar que as formas sucessivas do embrião reproduzem resumidamente as formas sucessivas pelas quais a espécie passou ao longo do seu desenvolvimento ancestral. Mas essa lei, como observa Vialleton com muita força, infelizmente recebeu outra interpretação: ela permite antes estabelecer uma aproximação entre os embriões das diferentes espécies do que entre o embrião pertencente a uma espécie superior e o adulto pertence a espécies inferiores.

A genealogia das espécies no tempo não deve, sobretudo, esconder que a diversidade infinita das formas da vida se distribui também no espaço. Algumas atravessaram quase sem mudanças todo o curso das idades. Parece hoje que todos esses ramos, em vez de se separarem sucessivamente de um mesmo tronco, mergulham igualmente suas raízes no passado mais remoto. Não se quer mais que a evolução seja "arborescente"; quer-se que ela seja como o mato rasteiro. Mas esse mato não é impenetrável. A mesma seiva circula por todas as plantas; cada uma é necessária a todas as outras, mas conserva em relação a elas certa independência e possui uma função que lhe é própria. É interessante observar que Vialleton, baseando-se em um exame morfológico dos diferentes seres vivos, reintegra a ideia de "tipos de constituição", cujo valor sistemático fora atenuado desde o eclipse das ideias de Cuvier. Mesmo em Rabaud, para quem tudo se reduz a um conjunto de influências exercidas sobre o organismo pelo meio, parece haver entre essas influências e o organismo certa conformidade que ele chama de "possibilidade de viver": expressão perigosa, da qual logo se fará um uso puramente lógico e que o autor renegará, para mostrar que essa possibilidade implica uma disposição sistemática das partes através da qual reencontramos tipos de constituição. No entanto, a originalidade e o parentesco das formas vivas só aparecem em seu sentido verdadeiro se considerarmos o lugar de cada uma delas no circuito eterno da vida. Do protozoário ao homem, todos os seres vivos espalhados na superfície da Terra, no ar e nas águas, transformam sem parar em matéria organizada a matéria inerte, para a qual retornarão seus cadáveres, distribuindo entre si a tarefa e prestando-se um apoio mútuo mesmo quando se tornam presas uns dos outros, a fim de possibilitar que todas as partes do real desfrutem aqueles modos de comunicação sem os quais seria impossível, para a consciência, nascer e tudo conter.

***

No ponto em que chegamos, podemos nos surpreender de que os adversários modernos do transformismo pretendam rejitá-lo conservando a teoria da descendência. Esta lhes parece fora de dúvida e as descobertas paleontológicas bastam para confirmá-la. Só que eles dão a essa teoria uma aplicação limitada. Duas ideias essenciais resumem a tese de Vialleton. De acordo com a primeira, é preciso distinguir as formas essenciais, como o Vertebrado, o Mamífero ou o Carnívoro – tipos abstratos ou puras ideias que subsistem sem mudança desde a origem da vida – das formas secundárias, como os gêneros e as espécies, cuja duração é menor e que puderam variar segundo as circunstâncias de tempo e lugar. Mas não podemos deixar de pensar que os gêneros e as espécies são também ideias e que, se quisermos passar de uma a outra por evolução, mesmo a transição entre as formas essenciais não poderia ser considerada impossível. Nesse ponto, Vialleton concede demais à evolução, ou muito pouco, e seu pensamento se vê necessariamente encurralado ante a alternativa do tudo ou nada.

Mas há no seu livro uma segunda ideia que nos parece mais fecunda: de acordo com ela, no interior das formas essenciais inseparáveis das primeiras manifestações da vida, é possível imaginar "germes ou botões de espera" ainda invisíveis e que aguardariam, para eclodir, o momento propício, isto é, o momento em que as condições do meio fossem capazes de assegurar seu desenvolvimento. Mesmo sem esclarecer melhor a natureza desses germes preexistentes, pode-se considerá-los forças latentes que só se realizariam sob a pressão das circunstâncias atuais, mas que sempre produziriam certas formas sistemáticas para se tornar viáveis.

Compreendem-se assim as razões da hostilidade de Vialleton em relação ao transformismo, que é uma explicação da evolução por causas mecânicas ou fortuitas. A evolução, para ele, é uma evolução dirigida. Ele se opõe a Lamarck, para quem o ser muda adaptando-se ao meio no qual vive, consolidando aos poucos sua adaptação e transmitindo-a a seus descendentes. Opõe-se a Darwin, para quem o ser que nasce apresenta variações acidentais, umas favoráveis, que o fazem triunfar na luta pela vida, outras nefastas, que o levam a sucumbir. A disputa entre lamarckianos e darwinianos, durante a segunda metade do século XIX, mostrou talvez a incapacidade de ambos de explicar o fenômeno da evolução. Pois foi estabelecido, contra Lamarck, que os caracteres adquiridos pelo indivíduo ao longo do seu próprio desenvolvimento permanecem propriedade sua e não se transmitem à espécie, o que, em vez de afogar os seres particulares no fluxo da herança, nos permite dar a cada um deles uma existência separada e salvaguardar, no interior de certos limites, sua originalidade e sua responsabilidade pessoal. Foi estabelecido, contra Darwin, que a luta pela vida explica como se opera uma triagem entre seres já formados, mas não como eles se formam; ela explica como eles sobrevivem, mas não como surgem, o que nos permite deixar subsistir entre os indivíduos uma emulação que exercita seus poderes sem, no entanto, produzi-los.

Todos sabem que o transformismo clássico foi renovado pela descoberta de certas mudanças bruscas, conhecidas pelo nome de *mutações*, que parecem se introduzir de uma só vez no desenvolvimento de algumas espécies. Essa descoberta tem a vantagem de colocar a variação sob os nossos olhos, submetendo-a à experimentação. Ela tende a nos desembaraçar de hipóteses inverificáveis sobre uma evolução imperceptível processada durante numerosos milênios. Permite-nos estabelecer entre as espécies biológicas uma descontinuidade análoga à que separa as espécies químicas e que está fundada, igualmente, na ideia de um intervalo determinado entre as diferentes formas de equilíbrio que os compostos materiais são capazes de realizar. Vialleton mostra às vezes simpatia pela ideia da mutação porque, tendo ela certa amplitude, assemelha-se a uma criação parcial. Mas não seria suficiente, então, considerá-la uma liberação explosiva, por assim dizer, de uma das múltiplas capacidades acumuladas no interior do ser vivo, que irrompem sob a influência de certas causas exteriores e atuam à maneira de verdadeiras causas ocasionais?

É importante concluir. O tempo permite às diferentes formas da vida se desenvolver sucessivamente. Ele manifesta as diferentes capacidades que estão inscritas no ser eternamente, sem criar nenhuma delas. Todas existem simultaneamente, mas em um estágio desigual de desenvolvimento. Ao buscar sua filiação histórica, corre-se o risco de cometer erros, de estabelecer um parentesco entre formas transitórias que pertencem a linhagens diferentes. Até na ordem histórica se quer descobrir a imagem de uma ordem lógica da qual quase todos os elos estão sob os nossos olhos. O homem não é o ponto culminante de uma evolução progressiva: ele supõe a seu redor todos os outros ramos da vida sem os quais não poderia se sustentar. À medida que sua consciência aumenta, ele descobre uma participação gradual em todo o universo. Mais ainda, todas as ideias estão sempre em potência no seu pensamento, embora apareçam nele uma após a outra. Cada uma possui, até certo ponto, um caráter de novidade: origina-se bem menos da ideia que a precedeu que do ato original pelo qual, no presente, o pensamento a criou. Evoca em torno dela uma infinidade de outras ideias graças às quais a capacidade mesma desse pensamento encontra a cada instante uma expressão integral: é o centro de gravidade do pensamento que não cessa de se deslocar para permitir que todas as ideias se manifestem sucessivamente nas perspectivas mais diversas. O mesmo acontece com a vida: sempre igual a si mesma, ela parece multiplicar as criações particulares; mas, embora estas pareçam derivar umas das outras, todas se produzem em um único jato, formam um ramalhete bem atado cujos ramos são inseparáveis, mas florescem cada um por vez.

8 de junho de 1930.

6. O DIÁLOGO DO CIENTISTA COM A NATUREZA

A filosofia não tem objeto separado. Ela é a consciência da atividade do espírito. Ora, tomar consciência de uma atividade é também exercê-la e promovê-la: não se pode descrevê-la sem participar dela. Mas o espírito não gira no vazio: ele tem necessidade de uma matéria à qual se aplique, de uma finalidade que tente atingir. Assim, só chegamos a conhecê-lo através de suas obras. Por isso a filosofia é uma reflexão sobre todos os empreendimentos do espírito, sobre a ciência, sobre a arte, sobre a moral, sobre a política e sobre a religião; ela busca reconhecer qual é a força que os produz, quais são as exigências fundamentais dessa força, por que razão ela é una no seu princípio e múltipla no seu emprego, de que maneira ela nos dá uma representação do mundo cada vez mais complexa e que nos permite agir sobre ele e reformá-lo indefinidamente.

Entre a ciência e a filosofia há uma relação privilegiada. A ciência traduz os sucessos do nosso pensamento na representação do mundo material: ela é o produto da razão e da experiência conjugadas. No entanto, a ciência nunca absorverá a filosofia, como às vezes se supõe, pois a filosofia estuda o espírito na totalidade das suas operações e não apenas na operação pela qual ele conhece as coisas. Mas os progressos da ciência nos levam a tomar uma consciência cada vez mais lúcida das relações do espírito com o real, isto é, com esse objeto, com esse obstáculo, com esse instrumento que se encontra diante dele e sobre o qual busca sempre ter uma posse mais perfeita, que o obriga a empregar todos os seus recursos, a multiplicá-los e a renová-los indefinidamente, e que lhe dá sobre o mistério do universo, onde nosso corpo é chamado a viver, sempre mais abertura e mais luz.

Mas o que nos impressiona, antes de tudo, é a distância que separa o mundo que temos sob os olhos da representação que o cientista nos oferece. O primeiro é uma paisagem de qualidades que são como pontos de apoio para o olhar e para a mão, e que não cessam de se modificar conforme as variações da luz e o estado dos nossos movimentos. A segunda escapa aos nossos sentidos e só pode ser imaginada. Consiste em um conjunto de relações de espaço e de tempo entre acontecimentos invisíveis, aos quais é dada uma forma numérica cada vez mais precisa. Assim não há semelhança alguma entre o que vemos do mundo e o que sabemos dele; no entanto, é o que vemos que nos interessa, que suscita todos os problemas, que confirma todas as soluções. Se ultrapassamos essa aparência, é para atingir uma estrutura oculta. As relações científicas são como uma teia de aranha muito sutil, tecida por nosso espírito e cujos fios multiplicamos e entrecruzamos a fim de seguir as articulações mais delicadas do real, isto é, a fim de ter um domínio sobre ele ao mesmo tempo pelo pensamento e pela vontade.

Até uma época recente, porém, a representação comum do mundo e sua representação científica mantinham certa homogeneidade: e pensava-se que seria possível passar de uma a outra se nossos sentidos, por exemplo, se tornassem de repente muito aguçados. Mas não é mais o que ocorre hoje. As novas teorias científicas desconcertam o público culto e, até certo ponto, os próprios cientistas. Não adianta dizer que aqui não há mais nada que se possa imaginar, nada de que se possa ter a intuição: seja qual for a desconfiança que se tenha em relação à imaginação ou à intuição, não podemos deixar de temer que, quando estas desaparecem inteiramente, a realidade desaparece também. Não adianta dizer que aqui não há nada que responda às antigas exigências da razão, e mesmo que somos obrigados a introduzir na própria ciência o "irracional": não podemos deixar de temer que um fracasso da razão se torne uma aquisição com a qual teríamos de nos contentar. Seria bem diferente se as admiráveis descobertas da física moderna pudessem nos obrigar a refinar a concepção um tanto elementar que fazemos da intuição e a concepção um tanto rígida que fazemos da racionalidade.

Encontramos em um pequeno livro, intitulado *L'Evolution de la Physique et de la Philosophie* [A Evolução da Física e da Filosofia], uma série de palestras que foram dadas, durante a Quarta Semana Internacional de Síntese,[1] por dois físicos, Bauer e Louis de Broglie, e por três filósofos, Serrus, Brunschvicg e Rey, sobre os problemas que a teoria da relatividade e a teoria dos *quanta* propõem hoje ao espírito humano. Essas palavras escondem aos olhos de muitos homens um impenetrável mistério. No entanto as noções mais profundas e mais complicadas para o pensamento exprimem sempre certas noções muito simples e muito primitivas do espírito, noções que durante muito tempo puderam nos escapar por serem inseparáveis de todas as operações do pensamento: é natural que, quando essas operações incidem sobre uma matéria mais tênue e que cessa de ofuscá-las, elas nos revelem seu verdadeiro jogo. Pode acontecer então que toda a nossa representação do mundo seja modificada. Assim, não pensamos que Bauer tenha cometido um erro ao dizer que a revolução atual da física constitui "uma das experiências filosóficas mais emocionantes da história".

∗∗∗

Antes da relatividade, nos diz Bauer, o tempo e o espaço eram absolutos. Eram, segundo Newton, atributos do ser infinito: o espaço era o domínio da sua ação, o tempo era a

---

[1] Realizada no Centre International de Synthèse entre 17 e 21 de maio de 1932, em Paris. (N. E.)

condição desse domínio; o que implicava certamente, nele, uma consciência análoga à nossa, universal e eterna. Nesse espaço e nesse tempo, podíamos distinguir acontecimentos que estavam ligados entre si pelo princípio de causalidade segundo um determinismo inflexível. Havia muito a matéria se reduzira a corpúsculos cujas relações mútuas eram explicadas pela lei do choque; ela passou a ser um arranjo de partículas elétricas. Mas continuava-se pensando, como Laplace, que "um observador que conhecesse perfeitamente as posições e as velocidades iniciais de todas as partículas de um sistema isolado poderia prever com precisão infinita todas as soluções posteriores do sistema". Em uma tal concepção, supunha-se a possibilidade de uma geometria pura e de uma mecânica pura que dominavam todas as ciências da natureza. Ora, o caráter essencial da teoria da relatividade é mostrar que essas ciências devem ser subordinadas à física, e que nada se pode dizer do espaço e do tempo independentemente dos métodos pelos quais são medidos. O espaço e o tempo absolutos, portanto, escapam completamente à nossa experiência. No que concerne propriamente ao espaço, é evidente que não podemos defini-lo como uma simultaneidade perfeita, pois de que modo se verificaria essa simultaneidade, se não se pode fazer chegar instantaneamente uma mensagem de um lugar a outro? Segundo a expressão de um físico, "ninguém jamais viu simultaneamente as duas extremidades de uma mesa um pouco comprida". O tempo e o espaço são assim solidários e não podem ser separados. Mas há mais: ninguém pode medi-los senão graças a referenciais estabelecidos para o universo em volta; para o tempo, esses referenciais são relógios combinados entre si por sinais elétricos ou eletromagnéticos. Só que é fácil perceber que essas medidas não podem coincidir para observadores que estão em movimento uns em relação aos outros. Sendo assim, cada um deve viver em um espaço e em um tempo que lhe pertencem como algo próprio.

Experimentamos então um sentimento de vertigem ao ver desabar nossa representação clássica do universo, na qual os intervalos de espaço e de tempo que separavam os objetos ou os acontecimentos tinham um caráter imutável e constituíam, por assim dizer, a base comum da nossa experiência. Esse universo rígido se dissolve de repente para dar lugar a uma infinidade de perspectivas variáveis que dependem da posição e do movimento do observador, como se a "coisa" percebida fosse abolida e só restassem as percepções múltiplas que os diferentes indivíduos podem ter dela. Esse é, em filosofia, o ponto de vista do idealismo subjetivo: corresponde à verdade de que o universo nunca nos é dado senão como a representação de um ser particular que ocupa em relação a ele uma situação única e privilegiada. Mas então se pensava que, substituindo a imagem pessoal que temos dos objetos pelos números que os mcdcm, se chegaria a um conhecimento válido para todos. A originalidade dos relativistas foi ter mostrado admiravelmente que essas medidas, por sua vez, não podem ser as mesmas, mas mudam necessariamente conforme o lugar do observador e o movimento pelo qual é levado.

Mas o verdadeiro mérito da teoria da relatividade foi ter ultrapassado uma espécie de "pluralismo métrico" e buscado chegar a leis da natureza independentes de qualquer sistema individual de referência e válidas para todos os observadores possíveis. Trata-se, portanto, de descobrir um invariante que coincida com a própria realidade. Ora, curiosamente era a dissociação do espaço e do tempo que dava a ambos, por assim dizer, um caráter de subjetividade, ao passo que a ligação deles fará aparecer no mundo uma grandeza objetiva que é a mesma para todos os indivíduos. Essa grandeza é "o intervalo" que exprime uma relação constante entre a distância de dois acontecimentos no espaço e sua distância no tempo, medida pelo espaço que a luz percorre nesse mesmo tempo. Eis-nos, portanto, diante de uma forma de realidade que permanece idêntica a si mesma para todos os observadores, que explica e ultrapassa a variabilidade de todas as medidas, que une em nossa representação, mas sem confundi-los, o individual e o universal, que, é verdade, singularmente nos afasta de nossas intuições mais familiares, mas como a descoberta de Copérnico nos afastou da representação que o sol nos dá no seu percurso cotidiano através do céu, que, enfim, parece o resultado do pensamento mais abstrato, mas ao qual só se chegou porque as condições de uma experiência minuciosamente observada de certo modo lhe impuseram esse resultado.

***

A representação clássica do mundo foi, pelo menos em aparência, muito mais profundamente abalada pela teoria dos *quanta* do que pela teoria da relatividade. E o filósofo acompanha o desenvolvimento dessa concepção nova com uma singular ansiedade, não, como se poderia supor, porque ela confunde seus procedimentos ordinários de reflexão, mas, ao contrário, porque o obriga a reencontrar, através das observações objetivas mais delicadas, uma de suas preocupações mais essenciais, a saber: a impossibilidade de separar o objeto do conhecimento dos procedimentos mesmos que o apreendem, o que exige colocar a todo instante de uma forma nova o problema das relações entre o objeto e o sujeito.

A noção de *quantum de ação* foi introduzida por Planck. A luz era considerada então um fenômeno contínuo formado de ondas periódicas, transversais e eletromagnéticas: não se pensava poder explicar sem elas certos fatos como as interferências e a difração. Mas outros fatos, entre os quais convém citar sobretudo o efeito fotoelétrico, que nos mostra como, quando a luz atinge um corpo, ela lhe retira elétrons, nos levavam a supor a existência de grânulos de luz cuja energia era proporcional à frequência: nesse relatório célebre aparecia uma constante universal que é conhecida precisamente sob o nome de constante de Planck.

Dessas premissas haveriam de resultar consequências surpreendentes. Em primeiro lugar, percebe-se sem dificuldade que, não sendo possível observar nenhum corpúsculo sem iluminá-lo, a energia do grânulo de luz deve introduzir no fenômeno estudado uma perturbação determinada; ou, de uma maneira mais precisa, que o físico não pode efetuar medida alguma sem que o *quantum* de ação submeta o estado do sistema a uma mudança descontínua. Heisenberg, em particular, mostrou ser impossível imaginar um dispositivo experimental capaz de determinar ao mesmo tempo, com uma precisão perfeita, a posição e a velocidade de uma partícula. Quanto mais o observador quiser medir com exatidão uma dessas duas grandezas, tanto mais a outra será modificada, mas de maneira impossível de prever, pela própria operação da medida. De tal modo que aparece uma contradição entre o esforço que fazemos para descrever em termos de espaço e de tempo o estado mecânico do sistema e o esforço que fazemos para precisar seu estado dinâmico. Assim, Louis de Broglie diz que não devemos rir da flecha de Zenão, que voa e não voa. Ao querer isolar a posição, procedemos a uma espécie de idealização do real que nos faz negligenciar o movimento; ao querer isolar a velocidade, procedemos a outra idealização, que nos faz perder a posição: e essas duas operações do espírito se tornam precisamente incompatíveis na escala microscópica.

O verdadeiro interesse desses fatos novos é mostrar, de forma impressionante, a impossibilidade de nos atermos ao postulado, outrora comum à ciência e à filosofia, de que o conhecimento nos obriga a considerar o universo de fora como se fosse um espetáculo oferecido a nós e ao qual poderíamos permanecer alheios. O conhecimento se produz em um mundo do qual fazemos parte e que é sempre alterado por ele. Quando a escala é bastante grande, nossos procedimentos de observação não perturbam de maneira perceptível o mundo dos fenômenos. A ação de uma luneta que dirigimos a um astro não modifica o curso do astro, senão de modo negligenciável. Mas, quando se estudam fenômenos cada vez menores, não se pode fazer diminuir indefinidamente a interação que toda medida supõe entre os aparelhos e o mundo exterior. Assim, ao concentrarmos no átomo nossos raios mais potentes para analisar o mecanismo de suas mudanças, nós o destruímos.

Mas não devemos nos apressar a comparar essas operações materiais pelas quais transformamos a natureza do objeto, no esforço que fazemos para conhecê-lo, com os efeitos da introspecção que modifica nosso estado interior, que o evoca ou que o abole, conforme as oscilações da nossa atenção a nós mesmos. Pois a introspecção é um ato da consciência; o estado ao qual ela se aplica é antes vivido do que observado por nós; nunca podemos fazer dele um objeto verdadeiro e, certamente, ele não se presta à abordagem de nenhuma ciência. Ao contrário, os instrumentos que o cientista utiliza, por mais profundamente que possam modificar o mundo do objeto, ainda pertencem ao mesmo mundo: eles participam, com o próprio objeto, de um sistema homogêneo cujas partes reagem umas sobre as outras, e nem sempre é fácil introduzir entre elas uma linha de demarcação. Sob esse aspecto, a teoria dos *quanta* nos parece apresentar um caráter de originalidade absoluta em relação à teoria da relatividade: pois a teoria da relatividade integrou o tempo, que é uma condição da percepção, na representação objetiva dos fenômenos, e a teoria dos *quanta* nos obriga a integrar na percepção as condições instrumentais da observação. Mas, ao realizar essa dupla integração, o espírito salvaguarda sua independência.

O que não quer dizer que em alguma dessas duas teorias o espírito se separe da intuição: pelo contrário, ele a segue sempre. Só a abandona em aparência, como Copérnico ao modificar o sentido dos movimentos, mas porque havia observado que a experiência permite de fato modificá-lo. A ciência não cessa de passar de uma intuição sensível a uma intuição imaginária destinada a explicá-la e não a aboli-la. Do mesmo modo, a razão, que sempre se arrisca a paralisar a pesquisa encerrando-se em quadros demasiado rígidos, é obrigada a rompê-los quando se vê diante de novas antinomias. Para que possa resolvê-las, ela é forçada a se renovar e a se refinar indefinidamente. Além do mais, a razão nunca vira as costas, como se acredita, à intuição: ela renunciaria a si mesma se, através de mil dificuldades, não conseguisse sempre nos sugerir, para além da intuição atual, uma intuição possível, cada vez mais complexa e mais fina.

28 de junho de 1936.

SEGUNDA PARTE

7. A ARTE PURA

Não há palavra que exerça sobre nossos contemporâneos mais atrativo que a palavra *puro*. É talvez porque nossa civilização mecânica e democrática tende a abolir a distância entre as coisas, entre os homens e entre as ideias, é porque ela ameaça tudo misturar e tudo confundir que se produz uma reação de defesa na qual se procura manter e salvar as diferenças autênticas, a originalidade e a independência que dão a cada tipo de existência, a cada forma de atividade, seu relevo próprio e seu valor absoluto. A preocupação com a pureza vai mais longe do que se pensa: ela tem um alcance metafísico que não se poderia ignorar. Supõe que toda mistura não pode senão viciar, alterar e corromper a realidade verdadeira. Seria esta, então, formada de essências separadas, como o mundo de Platão? E deve-se admitir que elas podem se obscurecer e se degradar, de tal modo que o papel da nossa atividade espiritual seria precisamente reencontrá-las através do fluxo das aparências e, por assim dizer, permanecer fiel a elas quando o devir universal tende sempre a arrastá-las e a dissolvê-las?

Compreende-se assim que a pureza possa parecer uma virtude negativa, que ela designe ora um abandono de todas as solicitações exteriores capazes de desviar o impulso espontâneo do nosso pensamento, ora uma perfeita transparência que nos mostra as coisas tais como são sem que o desejo venha turvar sua imagem, ora ainda a atividade absolutamente gratuita, como dizemos hoje, que se desinteressa de toda finalidade, que não se subordina nem à utilidade nem à moralidade, e desfruta apenas do seu livre jogo.

É significativo que busquemos nos elementos mesmos da natureza, na água, no ar e na luz, os principais símbolos da pureza. Mas isso é porque a água, o ar e a luz dão aos nossos sentidos um alimento quase imaterial. Além disso, são meios que envolvem as coisas, mas de maneira a revelá-las em vez de dissimulá-las. Dão sua pureza às cores e aos contornos, fazendo-nos compreender que a pureza é sempre uma atmosfera através da qual o real nos aparece, e não um caráter que pertenceria a algumas de suas formas: todo o real pode ser purificado. É no mesmo sentido que a expressão *razão pura*, introduzida por Kant, sempre teve sobre os espíritos uma espécie de prestígio: e, embora Kant pensasse apenas em limitar as pretensões dessa faculdade, o mundo da razão pura será sempre para nós o mundo claro, límpido, sutil, harmonioso que descobrimos quando o corpo cessa de interpor entre o real e nós a nuvem das sensações e das paixões.

A pureza é assim a virtude própria do espírito, como acontece precisamente quando ouvimos sob o nome de impureza todas as sujeiras pelas quais ele cede aos apelos do corpo e busca nelas se comprazer. Mas aqui é ainda da mistura de coisas diferentes que se corromperiam umas às outras que a impureza resultaria. Também se fala, em sentido contrário, da pureza e mesmo da inocência do corpo. Os que falam da pureza do sangue ou da raça certamente não pensam no espírito que habita em todos os homens, na medida em que há em cada um deles a aspiração a uma verdade comum a todos. Assim, a palavra *pureza*, em nossa época, designa sempre uma conformidade da nossa natureza ou da nossa ação em relação a uma essência particular. A tal ponto que se pode falar com certa admiração, por exemplo, da "paixão completamente pura", quando esta não é adulterada por qualquer elemento estranho que viria se misturar à sua essência própria, por sentimentos de outra origem como a timidez, a hipocrisia ou o escrúpulo. Daí também o interesse que apresentam as expressões tão difundidas de "arte pura" e de "poesia pura", pelas quais não se pretende apenas voltar à antiga concepção da "arte pela arte", que isolava a atividade artística de todas as outras funções do espírito, considerando-a uma finalidade em si mesma, mas também descobrir em todas as artes uma lei interior capaz de explicar e regular todas as suas operações, independentemente do tema que lhes serve de matéria ou da significação que a própria obra possa receber.

***

No primeiro número da *Revue d'Art et d'Esthétique* [Revista de Arte e de Estética], que acaba de ser publicado, pode-se ler com interesse um artigo no qual Etienne Souriau procura definir a ideia de arte pura. Para ele há leis precisas às quais ela se submete e que não são impossíveis de formular. O que chama nossa atenção, em primeiro lugar, é que a mesma ideia de arte pura possa se aplicar a todas as artes, embora exija que cada uma delas a encarne de forma única e separada. Há entre elas uma comunhão espiritual. Ora, o que caracteriza o espírito, onde quer que ele atue, é ser indiferente aos acontecimentos e dar aos mais humildes deles uma luz interior que os transfigura. Isso vale para a arte, que está em toda parte e em parte alguma. Pode-se dizer que ela consiste em uma penetração do sensível pelo espírito, mas de tal maneira que o espírito e o sensível não se distingam mais: o espírito se torna sensível e o sensível se espiritualiza. Não se deve pedir que a arte pura tenha um sentido, nem que dê um sentido às coisas. Ela está além de todos os sentidos. Querer que as coisas tenham um sentido é buscar a causa que as explica ou a finalidade à qual se pode fazê-las servir. O próprio da arte pura é apenas nos revelar a natureza secreta das coisas, a disposição interior pela qual elas se organizam, se reúnem e se bastam, dando-nos a alegria da sua presença, a alegria mesma do que são. A arte pura compõe com os elementos do real todas as emoções que o real é capaz de nos dar: por isso ela nos aparece ora como a realidade mesma que de repente nos é mostrada, ora como um artifício, como um encantamento da realidade.

Compreende-se facilmente que a arte pura não aceite ser capturada nem subjugada. Qualquer finalidade alheia a que se quisesse subordiná-la arruinaria sua essência para satisfazer outras exigências da consciência, ou corromperia a natureza da atividade que a produz, a emoção inimitável que a acompanha e a relação metafísica que ela estabelece entre o real e nós. Compreende-se também por que é impossível que ela se realize a não ser por artes separadas. De fato, há uma ligação e quase uma cumplicidade do espírito e do sensível, o espírito chamando o sensível em testemunho. E haverá tantas artes quantos forem os meios pelos quais o espírito consegue penetrar no sensível para nele reencontrar o efeito de suas próprias operações. Isso quer dizer que o sensível tornou-se meio a serviço do espírito? Não é ele também finalidade, já que nos mostra relações espirituais que sem ele permaneceriam no estado de simples possibilidades? Mas então se compreende facilmente que, na perfeição da arte pura, o tema e o sentido devam igualmente se apagar, pois introduziriam sempre um elemento estranho e, por assim dizer, abstrato, que impediria a obra de subsistir por si mesma, isto é, pela lei interna que reúne suas partes. Um quadro deve resultar apenas da concordância entre as cores, assim como uma sinfonia da concordância entre os sons, e um edifício da concordância entre as linhas de força. É nessas puras relações que reside seu valor eterno, que exclui qualquer outra interpretação ideal ou utilitária. É necessário e é suficiente, como mostra Souriau, que o artista pense por cores, por notas e por pedras.

Isso significa que a arte não é, como se acredita, evocadora de outra coisa: não é o signo de alguma coisa, pois ela nos torna a realidade mesma presente. A arte se dissipa quando a abstração aparece. E, por uma espécie de milagre, é a arte mais sensível que melhor consegue nos fazer atravessar o sensível para nos mostrar a lei espiritual que o ilumina e o sustenta. O objeto é então abolido, não mostra mais que as relações profundas entre os elementos que a formam, que criam e mantêm sua existência. Eugène Delacroix punha na parede amostras de tintas justapostas; pela maneira como se compunham ele fazia surgir o quadro, que para ele não era senão o partido tomado por certa harmonia de cores. Talvez se deva dizer que há em todas as obras do espírito tentativas pelas quais a inteligência busca reconhecer como as coisas mesmas se fazem: em um encontro casual, o artista, o poeta e quem sabe até o pensador – se é sempre necessário que o pensamento se exprima e se torne ele mesmo uma arte – descobrem uma convergência misteriosa entre as exigências do espírito e a arquitetura do real. O papel da arte é fazer sentir e produzir essa convergência. Por isso ela não cessa de criar novas formas. Pois a forma desenha o movimento pelo qual o espírito se apodera da matéria, imobiliza na pureza do contorno o ato móvel que o traçou e nos dá a visão emocionante de um inteligível realizado. Assim Souriau pode dizer que "somente a arte torna as coisas translúcidas, que ela é uma lógica iluminadora do ser".

Desse modo, embora cada arte mantenha sua independência, pode-se observar através das diferentes artes a presença de certas relações idênticas, que a investigação científica conseguirá esclarecer mediante alguns métodos engenhosos. Será mostrado, por exemplo, que uma melodia é um arabesco em movimento, que, entre um poema, um quadro, uma sonata e um edifício, é possível encontrar a correspondência rigorosa de certos ritmos. Assim como um motivo musical se reconhece ainda através de transposições em diferentes modos ou tons, um mesmo motivo artístico pode se encarnar na escultura, na pintura, na música ou na poesia. Quanto aos meios que o espírito emprega para dispor os elementos do real de modo que produza a emoção, eles certamente são poucos e permanecem os mesmos nas diferentes artes. Talvez se pudesse reconhecer neles alguns dos movimentos essenciais que engendram em nossa alma os sentimentos: Souriau cita a oposição e a dissonância que, quando predominam, inclinam nossa consciência para o trágico, enquanto o equilíbrio e a repetição o inclinam para a graça. A repetição mesma pode receber as mais variadas formas. O retardamento, a antecipação e a ruptura servem para colocar nossa alma em suspenso, fazendo-a oscilar de uma harmonia que parece perdida a uma harmonia felizmente reencontrada.

***

Foi Henri Brémond quem celebrizou outrora a expressão *poesia pura*. Ele nos dizia, com uma fineza cheia de malícia paradoxal, que a poesia não pertence à terra, que não é feita para exprimir ideias, que nos coloca em um estado de graça interior, que nasce de certos sons harmoniosos impossíveis de ser alterados sem destruir seu encanto, que suspende nosso espírito no gozo, enquanto a prosa o precipita no acontecimento; que ela compõe uma espécie de todo sem partes, enquanto a ciência nos fornece apenas partes que nunca formam um todo; e que enfim, como a prece, ela não tem sua morada no tempo, mas nos abre um acesso à eternidade.

Por outro lado, ao elevar assim a poesia acima de todas as regras, ao manter seu caráter de inspiração e de dom, Henri Brémond não dissimulava a parte que corresponde à atividade do poeta, que nunca cessa de estar atento e de escolher: através dos impulsos que chegam à nossa consciência e cujo valor é tão desigual, somente os seres mais delicados e talvez os mais "puros" são capazes de discernir essas pinceladas espirituais que nos revelam a alma das coisas, que permanecem inperceptíveis para a maior parte dos homens ou que sempre acabam sepultadas debaixo de preocupações mais comuns. E, quando Brémond negava um sentido à poesia, era certamente por reconhecer nela vários sentidos, uma vez que através dela, através do sensível, todo um mundo sobrenatural nos é revelado.

Mas a arte não pode ser confundida com a poesia, embora a poesia dê a todas as artes graça e luz. Jacques Maritain aborda esses problemas em um livro intitulado *Frontières de la Poésie et autres Essais* [Fronteiras da Poesia e outros Ensaios] e que pode ser considerado um prolongamento de *Art et Scolastique*

[Arte e Escolástica], publicado em 1920. Buscando com muito zelo introduzir de novo na língua dos filósofos o vocabulário dos tomistas, percebe-se nele o cuidado de reencontrar a arte em sua fonte, de simpatizar com todas as suas formas vivas, de acompanhá-la até o extremo da sua aventura, sem nunca ignorar a pureza que ela deve ter, sob pena de traí-la, nem as disciplinas a que deve se sujeitar, sob pena de arruinar a consciência em vez de promovê-la.

Convém não esquecer que o artista é um artesão: mas ele não busca, como este, a utilidade. Sua arte reside exclusivamente no jogo da sua atividade, nas condições do seu exercício, nas proporções dos seus arranjos; e é assim que ele engendra a beleza, que é o que faz as coisas serem. Conciliando a inteligência com os sentidos, a arte realiza a intuição verdadeira e nos faz experimentar uma alegria despojada de interesse, que é a alegria da existência pura. Pode-se perfeitamente dizer da arte que ela é artifício e, da poesia, que não o é, pelo menos se for uma abertura para o sobrenatural; mas o artifício é a chave. Certamente se discutirá por muito tempo para saber se a arte deve, como a poesia, se assemelhar àquela reza da qual Santo Antônio dizia, segundo relata Cassiano, que "não há reza perfeita se o religioso percebe que reza"; ou então se ela deve se pautar por esta frase de Leonardo da Vinci, também citada por Maritain: "Pobre mestre aquele cuja obra ultrapassa o julgamento. Somente marcha para a perfeição da arte aquele cujo julgamento ultrapassa a obra". Seria fácil classificar os espíritos segundo a preferência dada a um ou a outro desses dois textos. Certamente mais raro seria vencer essa oposição e, embora aceitando com Baudelaire que "tudo o que é belo e nobre é o resultado da razão e do cálculo", poder atingir um último estado onde razão e cálculo seriam, por assim dizer, superados, onde a necessidade das operações da inteligência se completaria na espontaneidade da inspiração. Nesse ponto de perfeito êxito nossa vontade reconhece dentro dela a presença de uma atividade mais alta da qual pode dispor, mas com a qual, no fim, acaba por coincidir: então o abandono não é mais que o extremo da mestria.

Contudo, se a arte é um esforço rumo à pureza radical, é preciso que ela seja incapaz de obtê-la, pois não há nada de perfeito que possa se conciliar com as condições da realidade. "Assim a espiritualidade mallarmeana acaba por se destruir a si mesma." Da arte pura se deve dizer que as relações internas que a sustentam são incapazes de lhe bastar. Na sua essência própria, é possível reduzi-la à lógica da atividade criadora: só que o criador é um ser que sofre e ama, e o que ele nos mostra através dessa lógica é sempre sua preferência mais profunda e, por assim dizer, sua atitude mais pessoal e mais secreta em relação à vida.

1º de dezembro de 1935.

8. A ARTE E A FORMA

O espaço é um abismo indiferente no qual vemos emergir formas distintas aprisionadas por um contorno e que não cessam de sofrer novas metamorfoses. O olhar, o pensamento e a ação não têm outro objeto senão reconhecer o desenho dessas formas que povoam o mundo, de reconstruí-las por uma operação interna ou de modificá-las segundo as exigências do desejo. Antes de aparecerem as formas, o mundo é um puro caos: mas o olhar, esposando as inflexões da sombra e da luz, logo discerne nesse caos arestas precisas, linhas sinuosas que se perseguem, se juntam e fazem surgir uma inesgotável variedade de figuras diferentes. O espírito, por sua vez, tenta descobrir a lei secreta a que elas obedecem e que lhe permite ser o mestre delas, engendrá-las, por assim dizer, indefinidamente. Ele inventa novas formas que a vontade empreende realizar: pois é somente ao imprimir sua marca no universo que cada indivíduo atualiza as virtualidades adormecidas no fundo de si mesmo e efetua seu próprio destino.

Assistir ao nascimento das formas é apreender, no seu exercício mesmo, a atividade do poder criador. Os antigos consideravam que a natureza era obra de um Deus artista, de um Hermes que não cessa de inventar e modelar novas formas. Ora, há no geômetra uma austera embriaguez pela qual seu espírito crê participar do mesmo poder: nesse espaço transparente e fluido que não opõe resistência alguma à sua iniciativa, ele se entrega a um jogo divino e faz surgir uma arquitetura perfeita que é um milagre de precisão e de imaterialidade. Mas acontece então, ao voltar seu olhar para o mundo sensível, que ele sinta uma espécie de decepção à qual o próprio Platão não escapou: pois há uma distância impossível de transpor entre a exata simplicidade de toda construção ideal e a complexidade infinita do mais humilde e mais familiar contorno. Sendo assim, como não olhar a primeira como um modelo que a natureza não poderia realizar sem alterá-lo ou corrompê-lo? Mas, na realidade, a natureza dispõe de uma geometria tão engenhosa e tão sutil que ultrapassa sempre a nossa: a forma de uma árvore ou a de um corpo humano possuem uma maleabilidade e uma perfeição que fazem desanimar a régua e o compasso; a inteligência nunca consegue calculá-las inteiramente e, para compreendê-las, tem necessidade da sensibilidade que se faz dócil à delicadeza dos seus contornos, à sua sinuosidade inelutável e imprevisível. O próprio da arte é nos ensinar a discernir essas formas vivas, a isolá-las em criações separadas que se acrescentam às da natureza, que as prolongam e as variam, e que revelam no espírito a presença de uma fecundidade inesgotável sempre pronta a novas encarnações em uma matéria que nunca cessa de se oferecer.

Assim, precisamente por ser mediadora entre o espírito e a natureza, é a arte que melhor nos revelará a verdadeira significação da forma. Esta pertence tanto ao que está fora quanto ao que está dentro; é a fronteira onde eles se juntam e se comunicam. É por ela que o mundo exterior e o mundo interior se tocam, por assim dizer. O contorno de cada ser é a expressão de sua vida oculta, o desenho de todos os seus movimentos iniciados e retidos, a curva mesma da sua atividade apreendida no limite da sua expansão, no ponto em que, para se realizar, ela parece se deter e morrer tornando-se uma pura superfície de contato com o mundo que a cerca. Assim a forma é a alma que se mostra e se faz visível, não apenas, como se acredita, através de uma máscara que nos obriga a decifrá-la, mas através de todos os impulsos que a lançam em direção ao mundo e em direção a nós e que a fazem adquirir precisamente tal forma, sem a qual nada seria. Há na forma uma união da imobilidade e do movimento, da matéria e do sentido, da realidade mais oculta e do espetáculo que ela oferece. Assim toda forma é fisionômica. Eu mesmo só posso percebê-la tentando traçá-la; mas para tanto preciso utilizar todos os recursos da atenção e do amor, redescobrindo em mim, por uma simpatia verdadeira, o movimento interior que a cria, isto é, que se exprime e se realiza por ela. É a alma que a modela por um trabalho secreto; mas por ela a alma nos fornece seu ser manifesto que coincide com seu ser mesmo, o qual se abre finalmente à luz, para o olhar e para o espírito.

A forma não apenas confunde a realidade com sua aparência e faz do mistério da vida um dom oferecido a todos, mas é também o duplo ponto de encontro da nossa atividade e da nossa passividade, do finito e do infinito. E, em um primeiro momento, toda forma é inseparável do ato mesmo que a faz ser, sendo ora o movimento do impulso vital, ora o gesto do artista criador; mas, a seguir, ela se inscreve no mundo como uma realidade que é preciso aceitar e acolher, cujo contorno é um guia que exige ser seguido com exata fidelidade. Ora, é essa passividade em relação à atividade mesma que faz a essência de toda posse.

Ao mesmo tempo, toda forma é uma limitação; ela circunscreve o ser particular, mas situando-o em um espaço sem limites, indispensável para que essa forma apareça e que é sempre, em relação a ela, um infinito que a sustenta e um além que a ultrapassa. A menor das formas é um espaço fechado em torno do qual o pensamento consegue dar a volta, mas que protege uma espécie de infinito presente, secreto, e impossível de esgotar. Assim, não é necessário, como se acredita, que a forma seja incerta e vaporosa para evocar o infinito no qual o finito mergulha e do qual nunca se pode separá-lo. Pois a precisão da forma mais pura não seria suficiente para isolá-la do infinito; ela poderia lhe dar, como pensavam os gregos, um caráter de acabamento e de perfeição, mas que, a nosso ver, resulta sempre da linha de demarcação que ela introduz entre dois infinitos, um infinito interno, que ela contém e domina, e um infinito exterior, que ela exclui, mas ao qual se submete e que a modela.

***

Devemos ser gratos a Henri Focillon por nos ter dado, no que se refere à atividade artística, um excelente estudo sobre *La Vie des Formes* [A Vida das Formas], precisamente em uma época em que biólogos como Brachet afirmam que o próprio da vida é ser criadora de formas; em que psicólogos como Wertheimer ou Koehler mostram que a consciência apreende primeiramente formas, isto é, apreende sempre o todo antes das partes; em que os neorrealistas anglo-saxões buscam atingir nas coisas mesmas as formas ou as estruturas que o espírito se limita a descrever.

Henri Focillon, a quem devemos tantos estudos penetrantes sobre a arquitetura e a pintura, e que ainda recentemente publicou preciosas pesquisas sobre a história das formas em um livro intitulado *L'Art des Sculptures Romanes* [A Arte das Esculturas Românicas], examina hoje a natureza das próprias formas, mostrando sucessivamente a vida que elas recebem no espaço, na matéria, no espírito e no tempo. Comecemos pelo espírito, onde a forma encontra sua origem, onde encontra o princípio interno que permite interpretá-la ou produzi-la. O espírito é uma possibilidade, uma virtualidade pura enquanto sua atividade não é exercida. Tomar consciência, para ele, é adquirir forma. E a ideia não é senão uma forma que o olhar do espírito busca atingir e definir. Mas ele só pode chegar a ela começando a realizá-la. Focillon diz que "o privilégio do artista é sentir e pensar por formas"; ou seja, o espírito é sempre artista. Pois, se é nele que a ideia nasce para a vida, ela não pode fazer nele sua morada, nem obter nele seu crescimento e sua maturidade. Todo germe surge no espírito, mas deve deixá-lo um dia para buscar no espaço o terreno onde se desenvolver e onde frutificar. É separar um pouco demais os domínios dizer: "Talvez sejamos secretamente artistas sem mãos, mas o próprio do artista é tê-las". Todos temos mãos e as utilizamos, precisamente, para tomar posse das ideias que amamos. Assim ninguém deixa de ser artista à sua maneira. E devemos aceitar ser julgados segundo nossas obras, se é verdade, em todos os graus da escala, que "é a gênese que cria o deus".

Os dois capítulos sobre as formas no espaço e as formas na matéria estão repletos de observações e de aproximações que iluminam o cerne da natureza da forma e os aspectos que ela adquire nas diferentes artes. É a forma que constrói o espaço ou que o destrói: este é sempre animado e, por assim dizer, moldado por ela. Consideremos, por exemplo, a arquitetura: ela é a arte do espaço, abordado nas três dimensões e não apenas nas superfícies; é a arte do peso ao qual ela resiste, mas do qual sempre regula a ação no menor dos seus ajustes. No entanto a forma de um edifício não reside apenas naquilo que o olhar pode abarcar, no equilíbrio rigoroso das partes, na proporção harmoniosa das fachadas. Uma massa arquitetônica não é um sólido pleno. E Focillon nos diz com muita precisão e sutileza: "O homem caminha e age no exterior das coisas; ele está perpetuamente fora e, para penetrar as superfícies, precisa rompê-las. O privilégio da arquitetura entre todas as artes, quer construa casas, igrejas ou navios, não é abrigar um vazio cômodo e cercá-lo de garantias, mas construir um mundo interior que dispõe o espaço e a luz segundo as leis de uma geometria, de uma mecânica e de uma óptica necessariamente implicadas na ordem natural, mas com as quais a natureza nada produz". Alain já havia considerado a arquitetura uma arte essencialmente dinâmica, que traça os caminhos de todos os nossos movimentos e figura antecipadamente a marcha dos nossos cortejos e a ordem das nossas cerimônias. Mas Focillon estuda por si mesma essa forma oca que a arquitetura faz surgir na pedra e na luz: ele mostra como as sombras e a iluminação colaboram na produção da forma, e como é a diversidade do jogo delas que a anima e a faz viver. Mas todas as artes se interpenetram: o arquiteto esculpe o espaço interno e externo; no gótico do fim da Idade Média, ele distribui seus efeitos à maneira de um pintor. Utiliza até mesmo os vitrais para ligar o dentro com o fora e a forma com a atmosfera. Mas "a que reino, a que região do espaço pertencem essas figuras colocadas entre o céu e a terra e atravessadas pela luz? Elas são os símbolos de uma transfiguração eterna que a arte não cessa de exercer sobre as formas da vida".

Mas o escultor nos revela na forma alguns novos traços. A estátua compacta pesa com todo o peso da sua densidade. Na delicadeza do modelado, ela traduz uma interpretação da luz diferente para cada artista. Por oposição à pintura, a escultura oferece para cada forma uma multiplicidade de perfis. Mas, principalmente, faz coincidir nela, de maneira mais perfeita que qualquer outra arte, estas duas características da forma: ser um limite para a ação da visão e do tato, se a considerarmos de fora, e um limite para a expansão de um movimento e dos poderes mesmos da vida, se a considerarmos de dentro. Quanto à pintura, ela dispõe apenas da superfície, e pode-se dizer que dá uma forma a um espaço fictício, não a um espaço real. Para isso utiliza os meios mais diversos. "A pintura mural não poderia admitir a ilusão das saliências e das concavidades; é preciso que ela respeite a totalidade da parede por um modelado plano". E o pintor pode fazer variar a representação do espaço conforme o sistema de perspectiva que adotar: no sistema da pirâmide visual exposto por Alberti, ele engendra um mundo semelhante a um edifício visto de certo ponto e habitado por estátuas de perfil único; então a pintura reencontra a relação mais próxima com a arquitetura e com a escultura. Mas isso não impediu Turner de inventar uma maneira de pintar "na qual o mundo é uma concordância instável de fluidos, a forma um vislumbre movente, mancha incerta em um universo em fuga".

***

Focillon se dedicou a mostrar com muita força que não se pode opor a forma à matéria, como o fazem muitas vezes os filósofos. É que a matéria do artista não é uma matéria nua e, no ateliê da criação, ela já recebeu uma primeira forma. Toda matéria tem uma consistência, uma cor e um granulado. E Focillon põe toda a sua engenhosidade em nos mostrar essas coisas sem superfície, como a madeira escondida atrás da casca, o mármore enterrado na pedreira, o ouro engastado na pepita, a argila absorvida na terra, que de repente se separam do caos, adquirem uma epiderme, acolhem uma luz que as modela e as anima. "Mas um volume não é o mesmo conforme adquira corpo no mármore ou no bronze, conforme seja pintado a têmpera ou a óleo, pois então a luz não modifica apenas as propriedades da superfície", mas também as do próprio volume, fazendo dessa superfície a expressão de certa densidade.

A luz unida à matéria, porém, não basta para definir a forma. Pois é o instrumento que irá despertar a forma na matéria onde adormece; e Focillon nos mostra que a técnica permite presenciar a construção mesma das formas. Ele propõe dar o nome de *toque* ao contato do instrumento e da matéria do qual surge a forma. E não há palavra que represente de maneira mais direta e talvez mais emocionante a audácia tímida com que o artista se coloca diante das coisas, perguntando-se como elas responderão a seu apelo: não se poderia designar mais fielmente a sequência de tentativas interrompidas que marcam os momentos sucessivos da criação tanto no pintor e no escultor quanto no músico e no escritor. O próprio de cada toque é obrigar a inércia da matéria a uma espécie de ressonância diante das solicitações da mão e do espírito. Esse toque é sempre particular e atual; está engajado no tempo e ligado a um instante único e evanescente; mas sempre se funde e parece desaparecer com todos os toques que o precederam ou que o seguiram, na unidade atemporal da forma que reúne e ultrapassa todos eles.

Mas as formas que nascem no espaço e no tempo dominam o espaço e o tempo, em vez de se submeterem à sua lei. Assim "a arte dórica, como sítio, criou uma Grécia sem a qual a Grécia da natureza seria apenas um deserto luminoso". A arte gótica, como sítio, criou perfis de horizontes, silhuetas de cidades que imprimiram seu caráter a certas paisagens do nosso país. Além disso, pode-se dizer que há formas que são objeto de predileção para certas famílias de espíritos unidos por laços secretos para além de tempos e lugares. Pois cada homem é a contemplação de si mesmo e da sua geração, mas é também o contemporâneo do grupo espiritual do qual faz parte. Mas, para escapar de vez ao tempo e ao espaço, talvez elas precisem atingir aquele estado de perfeição clássica que Focillon descreve admiravelmente como

> um breve minuto de plena posse das formas, uma felicidade rápida na qual o fiel da balança oscila apenas levemente. O que espero não é vê-lo logo inclinar-se de novo, muito menos o momento da fixidez absoluta, mas, no milagre dessa imobilidade hesitante, o leve tremor, imperceptível, que me indica que ela vive.

Aqui se compreende facilmente que essa posse não pode ser continuada, que se furta à aplicação das regras e que é a ponta extrema do impulso da vida, captado pela consciência e disciplinado pela razão.

11 de janeiro de 1935.

9. A ARTE OU A PAIXÃO DOMINADA

De todas as espécies de atividades, a artística é certamente a mais misteriosa: é ao mesmo tempo primitiva e refinada; e, em suas formas mais refinadas, busca ainda reencontrar suas formas mais primitivas. Ela tem origem naquele fundo tenebroso da inspiração que parece escapar ao olhar da consciência e à ação da vontade; no entanto, põe em jogo todos os recursos da atenção, as regras de uma técnica severa, uma escolha e um controle rigoroso das nossas ideias e dos nossos gestos, nada deixando ao acaso; e, no esforço mesmo que faz para modelar o real, espalha sobre ele uma luz nova. Há sempre na arte um artifício e uma ilusão, mas que nunca nos enganam; e por meio deles ela consegue nos tornar perceptível a essência das coisas, que se dissimula quando estão sob os nossos olhos. A arte toca as fronteiras do divertimento e mesmo da frivolidade; no entanto há nela uma gravidade que a aparenta à religião e que associa o destino de ambas. É a mais inútil de todas as nossas ocupações (que vaidade é a pintura!, diz Pascal) e se corrompe tão logo o menor pensamento de utilidade a dirige ou se mistura a ela; mas o artista lhe sacrifica as ocupações mais sérias, e na contemplação da obra realizada todas as necessidades são esquecidas, todos os desejos da consciência são ultrapassados e satisfeitos. Enfim, a obra de arte é sempre uma criação única e pessoal, tanto maior quanto houver a marca de uma originalidade profunda, secreta, inimitável; e só então ela produz entre todos os homens a comunhão mais sincera e mais emocionante.

Mas se o problema da arte levanta tantas dificuldades é certamente porque a arte quase sempre é considerada no espetáculo que nos oferece e não no ato que a faz nascer. Não devemos nos surpreender, então, que uma sensibilidade passiva se contente em lhe pedir um prazer fácil, uma espécie de carícia imaterial. Mas avaliar as coisas com base na intensidade ou na qualidade do prazer que nos proporcionam é julgá-las superficialmente; a essência delas se recusa a quem busca apenas usufruí-las; e os prazeres um pouco frouxos que chamamos estéticos são desconhecidos de quem os prodigaliza aos outros. Pois o que encontramos no artista, ao contrário, é uma atividade tensa e incerta, cheia de esperança e de temor, de dor e de ansiedade, que não cessa de oscilar entre uma aspiração sempre imperiosa e obscura, que o atormenta e o sustenta, e uma matéria rebelde onde ele busca encarnar sua atividade e fora da qual jamais conseguiria compreendê-la. Mesmo na alegria da vitória ele reconhece a gravidade do esforço doloroso pelo qual ela foi obtida, e que lhe parece ainda necessário para mantê-la.

Sendo assim, podemos nos perguntar se a atividade artística, em vez de nos parecer excepcional e de contradizer a atividade normal a que buscamos em vão reduzi-la, não serviria antes para iluminá-la dentro de nós, mostrando-a, por assim dizer, em estado puro. Pois a arte é criadora, mas coloca o ato criador no nível da nossa humanidade; e cria uma natureza nova, que podemos chamar ilusória, mas que, ao emanar da verdadeira, produz o sentido que a outra nos impedia de ver. Ela nos dá do real uma posse essencial e desinteressada, que completa a percepção, ultrapassa uma utilidade sempre acidental e projeta diante de nós, como um objeto eterno de contemplação, a operação subjetiva e temporal que a cada instante nos dá o ser a nós mesmos. Assim, não haveria atividade propriamente estética: e poderíamos presumir, como é verdade, que toda forma de atividade deve se tornar necessariamente estética quando atinge esse último ponto, no qual, cessando de buscar uma finalidade fora de si mesma, ela se basta na criação de uma imagem que a representa.

***

Entre os livros dedicados à arte nos últimos anos, não há nenhum que solicite mais a curiosidade, que estimule tanto a atenção e a reflexão quanto *Système des Beaux-Arts* [Sistema das Belas-Artes], publicado por Alain pela primeira vez em 1920 e reimpresso posteriormente com algumas adições, e *Vingt Leçons sur les Beaux-Arts* [Vinte Lições sobre as Belas-Artes], nas quais ele volta a explorar esse vasto domínio, retomando, confirmando e multiplicando com infatigável juventude as observações tão diretas e agudas que já enchiam o primeiro livro. Todos sabem que Alain é o nome de polemista adotado por Émile Chartier quando inaugurou, no *Journal de Rouen*, sua série de *propos* (conversas), isto é, de artigos curtos nos quais ele associava a algum acontecimento atual uma meditação sobre um tema eterno, conseguindo criar assim um novo gênero literário. O *propos* se assemelha ao ensaio, mas é mais curto. Tem, por assim dizer, a duração da reflexão quando feita de um só fôlego. Mas o termo mesmo requer uma explicação. O autor, de fato, nos *propõe*[1] a visão que tem das coisas e o julgamento que faz sobre elas: e, se a afirmação é peremptória, é que ela é proposta e não imposta. Cabe ao leitor testá-la, incorporá-la ou reformá-la, conforme o caso. Não se buscará seu assentimento por meio do lirismo ou da eloquência, porque aí a ação exercida sobre o corpo ainda é muito forte. Não se buscará sequer a argumentação, que pertence à retórica. Para convencer o leitor, conta-se apenas com a apresentação da verdade completamente nua. Portanto, nada de entrar em discussões que confundem tudo; quando teme ser arrastado por elas, "todo homem digno desse nome se afasta e vai embora". Daí esse estilo sistematicamente fragmentado que alguns reprovaram a Alain e que para ele é o verdadeiro

---

[1] Em francês, a palavra *propos* tem o sentido de conversa, discurso, mas também o de proposição, proposta, propósito. (N. T.)

ideal da prosa, por ser o único que, livrando o espírito das cadeias do período e do ritmo, deixa à atenção toda a sua liberdade e permite a ela "sempre deter-se e sempre voltar".

Em meio a tantas observações incisivas ou paradoxais, Alain não pretende originalidade alguma: antes desconfiaria dela como de uma fraqueza. Ele chega mesmo a elogiar os lugares-comuns, embora pense que a verdade deles está escondida e que é preciso muita penetração e profundidade para descobri-la. Seu pensamento visa sempre ao abstrato e ao universal, como o dos clássicos. Reconhece apenas Descartes por mestre. Como este, vê na paixão apenas um tumulto do corpo que nos reduz à animalidade: todo o esforço da vontade e da razão, isto é, do homem, deve ser dominá-la. Ora, a arte é um meio heroico de obter isso. Ela supõe o delírio corporal, mas encarrega-se de apaziguá-lo. E Alain não teme invocar o testemunho do próprio Aristóteles, para quem o papel das tragédias era já nos livrar das paixões. A mesma afirmação vale para todas as artes. E é porque a arte exprime não a paixão vivida, mas a paixão vencida, que "o belo tem dois aspectos, o poder e a paz".

Entre a arte e a paixão, a imaginação é mediadora, pois prolonga a paixão e procura dar-lhe um objeto. Mas ela é uma louca incapaz de governar a si mesma, e o medo ou a cólera não cessam de agitá-la ainda mais. No entanto, cada um de nós tende a se desviar do mundo real, que fornece ao nosso pensamento uma resistência e, ao mesmo tempo, um apoio no qual as coisas têm contornos que podemos definir, distâncias que podemos medir, para se refugiar nesse mundo mais secreto e complacente onde todas as nossas emoções parecem encontrar de imediato um objeto no qual se afirmam e que basta para justificá-las. Mas é enganar-se gravemente sobre a imaginação acreditar que ela forma um mundo próprio, semelhante ao que temos sob os olhos e que possui uma existência real dentro de nós. Pois toda imagem é indeterminada; ela não tem fronteiras, não ocupa lugar algum; não se pode descrever nenhum de seus detalhes a não ser esquecendo o que se sabe para concentrar a atenção no que se pensa ver; e isso pode ser verificado sem dificuldade se tentarmos contar as colunas do Panthéon de Paris a partir da imagem mais precisa que pudermos fazer desse monumento. A imagem é multiforme porque é informe, é impossível captá-la, como Proteu. Pode-se dizer que ela não é, mas que pede para ser. E não há como tomar posse dela senão pelo gesto que começa a desenhá-la. Assim, é porque a imaginação não pode se realizar como uma criação do espírito puro que as belas-artes nasceram. Cada uma delas, à sua maneira, encadeia Proteu.

Portanto, não se pode imaginar sem fazer. E, tão logo a execução começa, o pensamento deixa de ser vagabundo, a imaginação recebe uma disciplina, a paixão é retida e dominada. E se só conseguimos nos apoderar da imagem no traço mesmo que nossa ação deixa na matéria, é com a própria matéria que será preciso agora contar; ela nos impõe sua lei, mais ainda do que lhe impomos a nossa; ela dá a todos os nossos sonhos a densidade e o peso que até então lhes faltavam, enche-os de realidade. E que não se pense, sobretudo, que um modelo preexistia em nós, do qual a obra material é uma espécie de cópia. O modelo será a própria obra, uma vez terminada. Dizemos com exatidão que ela adquire forma ao longo da execução; mas é porque antes não tinha forma alguma. A cada novo gesto do corpo, a cada novo movimento do instrumento, ela se faz mais precisa, se enriquece e sai do nada, por assim dizer, diante do artista trêmulo e espantado: este nunca faz outra coisa senão solicitar a matéria, que lhe responde como bem entende; ela quase sempre frustra sua expectativa, mas às vezes também a ultrapassa. Assim, é quando o artista se torna artesão que ele começa a inventar. A arte, diz Alain, "permite uma conversa com seu próprio gênio pela linguagem de certo ofício". E não é temerário pensar que através da obra de arte, como através do menor de nossos atos, é nossa própria vida que não cessa de buscar e de modelar a si mesma.

***

Pode-se distinguir, entre as diferentes artes, as que mudam somente o estado do corpo humano, pelas inflexões do gesto e da voz, como a dança, a música e a poesia, e as que mudam o estado de um objeto exterior ao corpo, e que são todas as artes plásticas: a arquitetura, a escultura, a pintura e o desenho. No primeiro grupo, retenhamos o caso da música: muitas vezes é acusada de agitar as paixões e nem sempre se reconhece que faz isso para apaziguá-las. De fato, os movimentos do corpo, como os da dança, por exemplo, ainda têm lugar entre os objetos visíveis, enquanto a voz traduz o sentimento puro. Mas é justamente por ser infinitamente flexível às paixões que a música as modera, submetendo-as à lei do ritmo. "Todo som musical é um grito governado." A música busca naturalmente o apoio do instrumento, o que criou a orquestra, ou da voz de outrem, o que criou os coros. Aqui a paixão se purifica e se transfigura em um mundo novo que deve sua existência tão somente à música. Assim, pode-se mesmo dizer que a música faz nascer um gênero de sentimentos que não existiria sem ela, pois "por seu poder ela abole qualquer outro objeto que não ela mesma".

Entre as artes do corpo e as artes do objeto, Alain nos mostra intermediários nas cerimônias e nas festas, quando dança, música e poesia se reúnem. Trata-se de artes coletivas em que os movimentos de cada uma são regulados pelos movimentos de todas, em que uma imposição aceita, feita de tradição e cortesia, reina sobre os corpos e governa as emoções. Nelas, cada um é ator e espectador ao mesmo tempo. Ora, são elas que desenham antecipadamente os caminhos traçados pela arquitetura nos edifícios de pedra. Pois o monumento não é imóvel como parece. "Ele se abre se caminhamos e se fecha se paramos." Há nele uma multiplicidade de perspectivas que "adquirem profundidade por nosso movimento". E, na luta que mantém contra o peso, a arquitetura oferece um parentesco com a arte dos jardins, que, pela disposição das árvores e das flores, pelo traçado das aleias, dos terraços e das escadarias, dá um ritmo ao nosso passeio e ao nosso repouso. O monumento e o jardim são o molde em concavidade de todos os nossos movimentos.

Mas é no estudo da escultura e da pintura que melhor se descobre a verdadeira essência da arte, por serem artes da imobilidade. O auge da escultura está na representação do corpo de um homem nu, e o auge da pintura, na representação de um rosto humano. As análises de Alain nos mostram claramente, nelas, a paixão purificada; mas, para purificá-la, é preciso que essas duas artes nos arranquem do tempo e do acontecimento, e que completem e transformem a ação em contemplação pura. Pois a imobilidade é superior ao movimento, mas com a condição de reunir nela, por assim dizer, uma infinidade de movimentos esboçados e retidos. "O movimento não dá muito a pensar." Mas veja-se a estátua. Ela só pode representar uma única atitude; se for uma atitude particular e momentânea, um movimento que logo retornará ao repouso, ela não tarda a nos cansar e a nos irritar. Esse homem nu, capaz de tantos movimentos, limita seu poder caso mostre realizar um só. Eis que o vemos curvado e concentrado, sem olhos, portanto sem relação conosco, silencioso e solitário, repousando em si, como um ser "sem projeto, nem empreendimento, nem desejo, que persevera e resiste". As estátuas nos mostram em um indivíduo o que ele é e não o que ele faz. Sua ação é ação de presença. Toda estátua é um deus.

Assim como a estátua representa o pensamento, a cor exprime o sentimento. Por isso a escultura é metafísica e a pintura é psicológica. Esta tende sempre ao retrato: é a arte da aparência pura, mas não busca criar ilusão, como a moldura o prova. Um rosto pintado possui sempre um caráter de espiritualidade. E há uma curiosa correspondência entre a maneira como o artista o obtém por pinceladas sucessivas que se acrescentam, se modificam e se incrustam aos poucos na massa endurecida que cobre a tela, e a maneira como a natureza chegou ao original por uma série de experiências acumuladas que, progressivamente, modelaram esse rosto e nele deixaram todos os seus traços, sem que nenhum possa hoje ser isolado. Assim, um bom retrato condensa todas as expressões, todas as atitudes que se poderia observar no rosto real, mas não representa nenhuma delas. É o retrato que constitui o verdadeiro modelo: é por ele que chegamos a conhecer o homem. E ele deve ser suficiente para nos contentar, sem necessidade de compará-lo ao ser vivo no qual se inspirou. Ao contrário da estátua, o retrato está inteiramente no olhar que cruza o nosso e nos responde; é desse modo que o retrato convive conosco; ao se fixar em nós, ele não cessa de marcar relações eternas conosco.

Assim, em todas as suas formas, a arte tende a abolir o puro acontecimento e, portanto, a paixão, que é sempre inseparável dele. Ela não se limita a acalmar nossos furores, submetendo-os ao poder do espírito por uma operação que torna bela a obra realizada e sublime a vontade que ousou empreendê-la. Ao aprisionar um ato interior em uma forma sensível, ela o liberta, completando o desejo. Dá-nos uma posse atual do real, posse que o tempo renova sem jamais consumir. Ela reconcilia o espírito com o corpo, a inspiração com o ofício e a graça com a natureza. Busca atingir aquele ponto de coincidência misterioso entre o mundo e nós, em que o mundo não é mais que um pensamento realizado e o pensamento um mundo em via de surgir. Ela abole toda distinção entre o ato e o espetáculo: o ato é o espetáculo que nasce, e o espetáculo é o ato contemplado. Ela nos ensina, como a própria vida, a triunfar sobre o destino por uma vitória que nos custa muito esforço e dor, mas que pacifica a alma ao nos mostrar, através da aparência que nos decepciona e da matéria que nos resiste, uma presença espiritual que nunca deixa de nos responder, contanto que nossa liberdade se exerça e comece a solicitá-la.

1º de outubro de 1933.

10. A INTUIÇÃO ESTÉTICA

De todos os filósofos da Itália contemporânea, foi Croce que exerceu, com Gentile, a influência mais extensa. Esses dois pensadores estiveram ligados por uma longa amizade. Em 1902, Croce fundou com a colaboração de Gentile a revista *La Critica* [A Crítica] e passou a dirigi-la sozinho depois que dissensões políticas os separaram. O movimento intelectual que eles criaram é definido, em geral, como um neo-hegelianismo: mas, se sofreram a influência de Hegel, tanto um como o outro o contradizem em mais de um ponto; a atmosfera do pensamento deles é hegeliana, mas conserva uma plena liberdade e reivindica, com razão, a originalidade. Croce, em particular, prolonga de Sanctis e Vico mais diretamente ainda que Hegel. E, enquanto Gentile se dedica sobretudo a captar a essência do espírito no ato intelectual, a marca própria de Croce é buscar atingi-la primeiramente na intuição estética.

Assim, devemos ser gratos a Jean Lameere por nos apresentar hoje um quadro de conjunto da *Esthétique de Benedetto Croce* [Estética de Benedetto Croce]. Ele nos mostra com muita precisão como esta se concilia fielmente com os outros aspectos da doutrina, da qual nos revela, talvez melhor que ninguém, a inspiração fundamental. Percebe-se que sente pelo autor a mais forte simpatia, e também a ele se pode aplicar o que nos sugere a propósito das fontes de Croce: a ação exercida por um espírito sobre outro espírito é antes escolhida do que sofrida, é vivificadora e não coercitiva, estimula nosso pensamento em vez de amortecê-lo e, como se observa por seu exemplo, deixa intacta nossa liberdade crítica, que deve secundar nossa capacidade de invenção, mas não destruí-la.

Há em Croce uma classificação das diferentes atividades do espírito esboçada com muita simplicidade e vigor. Ele distingue, primeiramente, uma atividade teórica e uma atividade prática, conforme o espírito busque conhecer ou agir. A atividade teórica comporta, por sua vez, dois momentos: o momento intuitivo, quando ela visa ao singular, e o momento conceitual, quando visa ao universal. Paralelamente, deve-se reconhecer na atividade prática o momento econômico, em que adquire uma forma particular e utilitária, e o momento moral, em que adquire uma forma universal e desinteressada. Ora, o que caracteriza Croce é sustentar que a atividade estética é ela mesma uma atividade teórica, de tal modo que a arte é um conhecimento; o que nos obriga a rejeitar todas as teses que pretendem subordiná-la ou ao prazer, ou ao valor. Além disso, na atividade teórica, a arte pertence ao momento intuitivo e não ao momento conceitual, o que nos obriga a rejeitar todas as teses que a subordinam à ideia e a consideram, por exemplo, um conhecimento lógico imperfeito ou disfarçado. Enfim, já que cada um desses momentos é independente daquele que o segue e lhe fornece sua matéria, a arte, que pertence ao primeiro momento da atividade teórica, possui uma especificidade e uma autonomia absolutas: não se pode de maneira alguma nem reduzi-la a outra função do espírito nem supor que dela derive.

Mas existe um parentesco entre a arte e a história, pois ambas têm o individual por objeto. Assim, é fácil compreender que a poesia, como o queria Vico, tenha sido a história primitiva. A arte e a história são duas formas da atividade do espírito que permanecem sempre vinculadas uma à outra até certo ponto, embora tenham se separado aos poucos. Só que a história exige que o objeto da sua intuição tenha existido. A arte, ao contrário, nos dá apenas a imagem de um objeto possível: com isso ela nos mostra a intuição atuando da maneira mais perfeita e mais pura e, por assim dizer, na sua virtude criadora.

Mas não compreenderíamos a concepção crociana de intuição se esquecêssemos que Croce é idealista: ora, no idealismo o conhecimento nunca é a imagem de um objeto estabelecido de início; ao contrário, é a atividade do espírito que, ao conhecer, engendra o objeto conhecido; e, na mesma doutrina, a intuição também nunca é suficiente para estabelecer a existência, como o mostra o exemplo do sonho, sendo necessário ainda um ato do pensamento lógico que é alheio à intuição como tal.

O caráter próprio da arte é primeiramente fazer aparecer uma situação espiritual original. Assim, não se pode dizer que há coisas belas por si mesmas, independentemente de sua relação com a visão que as apreende, como tampouco há coisas úteis por si mesmas, independentemente da necessidade que elas satisfazem. "Nem a voz, nem os sons, nem os signos da pintura, da escultura e da arquitetura são obras de arte. Estas não existem em parte alguma senão nos espíritos que as criam." Isso basta para explicar por que as mesmas coisas causam ou não causam emoção estética conforme a atitude interior de quem as contempla. É essa atitude que se trata de produzir: o que permite a Croce abolir toda distinção entre o gênio e o gosto, colocar o apreciador no nível do artista e afirmar que somente é capaz de julgar Dante quem for capaz de se elevar à sua altura. Não que se possa tirar daí, como se faz muitas vezes, a consequência de que a arte é somente a expressão da personalidade: isso certamente é verdade, mas a atividade artística não tem, nesse ponto, nenhum privilégio em relação à atividade moral ou à atividade científica. Além do mais, isso nos faria esquecer que a arte é antes de tudo um conhecimento. Tomemos os personagens de Dante: a arte lhes dá uma vida na imaginação que não tem relação, é verdade, com a existência real deles, mas uma vida que não está mais sob a ação do tempo e que deve ser aprendida da mesma maneira por todos os que puderem efetuar o ato interior do qual essa mesma vida depende. Nesse sentido a arte, sendo indiferente à existência histórica das coisas singulares que ela nos mostra, coincide com aquilo que as torna presentes à nossa intuição, e não há diferença entre dizer que elas são belas e dizer que elas são.

Mas a forma de realidade que lhes pertence é ao mesmo tempo concreta e irredutível, ou seja, não pode ser definida pelo conceito.

Enquanto pintor, pouco me importa saber que as manchas de cor que tenho sob os olhos neste momento, que os indefiníveis matizes de rosa, verde e branco nos quais se agita a luz, possam se dispor sob os conceitos de flores e, mais precisamente, de rosas e de vaso. Pouco me importa que eu possa nomeá-los rosas em um vaso.

Essas rosas são reais? Sim, certamente, sem que eu possa enunciar o que elas são. A representação artística rejeita por completo a abstração e mesmo a ignora: é um conhecimento "auroral" que, precisamente por isso, é sempre inseparável de uma criação ou de uma gênese. E há nela uma inocência reencontrada que o conceito poria a perder. Ela é o movimento mesmo do espírito, mas captado no instante em que este se detém e, tornando-se um objeto de contemplação pura, nos permite chegar à essência individual das coisas.

Observa-se na intuição estética uma aliança singularmente estreita entre o sentimento e a imagem. E pode-se mesmo dizer que ela só se produz no momento em que "o sentimento é inteiramente convertido em imagem". Estamos aqui diante de uma encarnação verdadeira, na qual vemos o sentimento tomar corpo a fim de poder ser contemplado. Somente então a perturbação, sempre inseparável dele, é apaziguada, superada, e conseguimos captar, por assim dizer, "a pura palpitação da vida na sua idealidade".

No entanto, esse sentimento não pode ser confundido com aquele que o artista experimenta em sua vida real, embora haja uma relação entre ambos. Este último permanece desprovido de todo valor estético enquanto não é transposto e transfigurado. Ao dizer que não é necessário que o sentimento corresponda a atos realmente efetuados nem a estados realmente vividos, reencontramos, uma vez mais, a indiferença da intuição estética em relação à existência do seu objeto. Além disso, a arte só começa no momento em que o sentimento cessa de nos arrastar, em que obtemos seu domínio e sua posse. Vejam como o poeta representa Andrômaca em presença de Eneias: *amens, diriguit visu in medio, labitur, longo vix tandem tempore fatur*; e, ao falar, *longos ciebat incassum fletus*. Assim, Virgílio, ao descrever a comoção de Andrômaca diante de Eneias, "ele, o poeta, não delira, não se petrifica à visão do seu personagem, não vacila, não perde a voz, não se desfaz em lamentações, mas se exprime em versos harmoniosos, tendo feito de todas as suas emoções o objeto do seu poema".

Ser poeta, de fato, é ter a intuição do ato interior pelo qual as coisas são. É encontrar uma expressão que é inseparável dessa intuição e que lhe permite renascer sempre. Ora, a dor de Andrômaca é ainda uma dor histórica, enquanto a imaginação do poeta só a tomou para fazer dela um objeto eterno. Mas a intuição que ele tem não pode ser separada da expressão que ele dá. A linguagem é uma criação espiritual cujo exercício coincide com o do pensamento. "Os mudos se exprimem por gestos ou por outros sinais materiais que têm relações naturais com as ideias que eles querem fazer entender." E a linguagem poética não se diferencia da linguagem comum, mas nos revela sua essência verdadeira. Todos os traços que ela utiliza se destinam a evocar as propriedades reais das coisas. Assim "a palavra já é uma forma literária, do mesmo modo que uma célula já é um ser vivo". Ela não é, como se acredita muitas vezes, um signo abstrato que se poderia substituir à vontade por outro. Em uma língua não há homônimos nem sinônimos: toda língua é intraduzível ou, o que dá no mesmo, toda tradução é uma obra original. Diz-se às vezes que por um longo uso as palavras tendem a se desgastar. Mas como devemos entender isso? Quando elas parecem desgastadas, é que o espírito se retirou delas e não efetua mais o ato interior destinado a evocar as coisas que elas representam. O gênio do poeta, no entanto, é sempre capaz de regenerá-las, de lhes restituir a alma que lhes parecia faltar, de lhes dar uma nova juventude pela qual elas nos mostram o real tal como é, isto é, como se o víssemos pela primeira vez.

Ninguém insistiu com mais força do que Croce no caráter indissolúvel da intuição e da expressão. Assim, ele pode dizer que toda expressão é arte, que o fundo e a forma são idênticos e, de uma maneira mais radical ainda, que a linguística e a estética se confundem. No momento em que a menor separação se produz entre o ato interior e a forma na qual ele se encarna, a arte desaparece: é por isso que a obra de arte permanece sempre puramente individual e irreproduzível: ela morre na cópia e em todas as imitações que as escolas não cessam de produzir.

No entanto, como bem observou Lameere, é aqui que aparece a dificuldade essencial do sistema de Croce, e talvez mesmo uma contradição impossível de superar. Não esqueçamos, com efeito, que Croce insiste acima de tudo em manter o caráter teórico da intuição estética; e ele tem boas razões para isso, pois é desse modo que salvaguarda sua autonomia; ele percebe claramente que a menor preocupação utilitária e moral a corrompe. A essência da arte é exclusivamente contemplativa: nela, o espírito se olha como em um espelho. "O homem diante da beleza natural é propriamente Narciso na fonte." E, como a expressão não pode ser separada da intuição, somos obrigados a dizer que a expressão também pertence à atividade teórica e que, ao se exteriorizar, muda de domínio e recorre à atividade prática. Assim teríamos de aprovar o que foi dito de Rafael, "que ele teria sido um grande pintor, mesmo se não tivesse tido mãos"; se acrescentássemos que ele não teria sido um grande pintor se não tivesse tido o sentimento do desenho, daríamos a entender que esse sentimento poderia lhe ter sido suficiente, mesmo se nunca tivesse desenhado.

O problema está precisamente aí. Croce recusa conceder à técnica um papel, por mínimo que seja, na criação artística.

De fato, no momento em que o artista procura realizar a obra visível na qual sua intuição começa a se materializar, ele deixa de ser artista e se torna um homem de ação, devendo já recorrer a uma atividade conceitual que se acrescenta à atividade puramente estética. Ora, o próprio da obra de arte é somente fixar a intuição, permitir a quem a contempla reencontrar o ato criador que lhe deu origem; é sustentar a memória do artista de modo que, conservando e reproduzindo seu ato espiritual, este possa ser comunicado a seus semelhantes.

Toda a questão é saber se essa materialização não é necessária à intuição para que se realize em nosso próprio espírito. É dito que a expressão é essencial à intuição, mas que essa expressão é também interior. Ora, não é contraditório que uma expressão seja apenas interior? Há, é verdade, uma linguagem que não necessita chegar aos lábios: mas se trata já de uma linguagem falada cuja manifestação é apenas contida. Cabe perguntar se a intuição, antes de adquirir um corpo material, não seria só um esboço, um ensaio, uma esperança; se a vitória que ela deve obter sobre a matéria não seria uma prova que lhe é imposta a fim de que possa tomar posse de si mesma. Pois a ação que a relaciona com as coisas enriquece a consciência que a efetua e que, ao efetuá-la, recebe tanto quanto dá. O próprio da intuição estética é espiritualizar a realidade, mas ela só chega a isso quando uma atividade teórica, que forma a intuição, e uma atividade prática, que a executa, se encontram; quando a imagem sai enfim dos limbos da possibilidade, quando penetramos o segredo da criação ao sermos nós mesmos o operário. E é somente quando, após inúmeras resistências vencidas, o espírito obtém uma exata coincidência entre seu desejo e o espetáculo que oferece, que ele atinge a intuição propriamente estética, na qual conhece essa alegria puramente contemplativa de ver que as coisas são precisamente o que elas são.

30 de setembro de 1936.

11. A GRAÇA E A BELEZA

Raymond Bayer acaba de dedicar a *Esthétique de la Grâce* [Estética da Graça] dois grossos volumes que formam mais de 1200 páginas; em um segundo livro sobre *Leonardo da Vinci* ele tenta surpreender as relações misteriosas da graça e da beleza através de um exemplo privilegiado. Não censuraremos Bayer por ter se estendido um pouco demais sobre um objeto que é tão frágil que corre o risco de se perder quando se busca apreendê-lo, nem por ter pensado poder captar sua essência móvel e impalpável em certas fórmulas abstratas que, muitas vezes, a deixam passar em vez de retê-la, nem mesmo por sua confiança excessiva na arte de escrever e por falar de uma graça "capitosa" ou "adamantina", quando seria suficiente reconhecer a impotência da linguagem para defini-la. Seremos gratos a ele por ter nos presenteado com informações e leituras muito extensas, com uma faculdade de análise capaz de seguir todas as inflexões da graça através das artes mais diversas, com um dom de sugestão que nos permite associar-nos a todos os movimentos que ele descreve, convidando-nos às vezes a reencontrar em nossa própria vida interior o impulso primitivo e a curva original desses movimentos.

Não há palavra que tenha sentidos tão variados quanto *graça*, nem sentidos que resistam tão decisivamente ao esforço da inteligência para defini-los e que ofereçam uma gama tão contínua: em cada um deles, a consciência vê se fundirem aos poucos todos os obstáculos que a isolavam do mundo, para descobrir em torno e dentro dela uma força que reconhece seus desejos mais profundos e que não cessa de iluminá-la e de sustentá-la. Toda graça é um favor que recebemos, ela antecipa nossos pedidos, ultrapassa nossos esforços e é sempre gratuita e inesperada. A graça é sempre de boa vontade; fazer uma coisa de má vontade é fazê-la sem graça, isto é, contrariado e com dificuldade, como um homem privado de alegria e de amor. Digo que as coisas que me cercam têm graça quando elas mostram uma espécie de simpatia e de cumplicidade comigo. "Eu ia fazer esse gesto que me realiza, e eis que as coisas o fazem em meu lugar." O criminoso que se julgava perdido e é agraciado com um indulto sente-se de repente arrancado do seu destino pela ação de uma força superior, que atende seu desejo de viver no momento em que este ia ser cortado. E Deus é o único ser capaz de agir apenas pela graça, trazendo sempre a toda criatura o socorro milagroso de que ela necessita, livrando-a das servidões do instinto e das tribulações da vontade, penetrando-a de uma força sobrenatural à qual ela só precisa agora consentir. Mas a graça que reside nas coisas e a que recebemos diariamente dos outros homens ou de Deus são dádivas tão perfeitas, e realizam uma harmonia tão justa entre nossas aspirações e nossa vida, que não podemos recebê-las sem agradecer ou, como se diz, sem dar graças por elas.

Ninguém se surpreenderá, portanto, que a beleza seja ela mesma uma graça, pois testemunha sempre um admirável encontro entre as obras da natureza ou da arte e as nossas exigências espirituais. Mas, assim como a beleza não é toda a graça, a graça tampouco é toda a beleza. Pois a graça tem a ver com a atividade, à qual confere uma perfeição na qual todo esforço desaparece, todo propósito é esquecido e ao mesmo tempo ultrapassado, enquanto na beleza a ação cede lugar à contemplação; ela nos mostra menos uma perfeição que se realiza do que uma perfeição realizada; a beleza pode ter um caráter abstrato e mesmo severo, ela nos eleva até o seu nível, como vemos na admiração, em vez de descer até o nosso e de parecer esposar a forma da nossa fraqueza, como na graça. Essa certamente é a razão pela qual a graça é vista às vezes apenas como um grau da beleza, como quando se emprega a palavra *gracioso* para designar certos objetos sem importância cujo encanto é acessível a todos. Mas mesmo nesse uso restritivo a palavra *graça* conserva sua força; serve para testemunhar que não há coisa tão humilde, nem ação tão frívola que a graça não possa penetrar e tornar permeável à nossa atividade espiritual.

***

A graça é primeiramente uma desenvoltura nos movimentos, e por isso Spencer a define como uma "economia de força". Mas ela não se confunde com a desenvoltura, como se observa quando se perde na facilidade. É a revelação de um poder que não se mostra na ausência de obstáculo, mas que, em vez de superar o obstáculo por um esforço, se concilia com ele: a extremidade de um poder aparece sempre quando ele vence por sua simples presença, sem precisar combater. A graça de um movimento que se efetua é feita de todos os movimentos que ele sugere. Ela torna a liberdade visível, uma liberdade que a todo instante produz a ação mais justa e mais perfeita, embora contenha a possibilidade de uma infinidade de ações diferentes que também produziria se fosse necessário, mas sempre espontaneamente e quase sem pensar. Assim, Alain tem razão ao dizer que "a desenvoltura afirma mais e dá menos". E pode-se acrescentar que a desenvoltura está às vezes abaixo do esforço, mas que a graça está sempre acima.

É por isso que ela precisa do movimento apenas para traduzir a virtualidade, exprimindo-se ora por um movimento tão simples e natural que se assemelha a uma pose, ora por uma imobilidade flexível que não é senão um movimento retido ou já começado. Por oposição à beleza, a graça realiza um equilíbrio do instável, como vemos na curva que só se levanta para se abaixar, na fusão do movimento e do repouso em que o movimento é somente um repouso abandonado e reencontrado, e o repouso, um movimento mais complexo que ainda não se dividiu. Assim, a graça reside na forma, mas é preciso que essa forma seja um movimento suspenso e sempre pronto a renascer, variando indefinidamente, sem nunca destruir, essa forma que ele suporta e que o exprime. A graça nos revela, através do sensível, a presença de um puro poder que dispõe livremente desse sensível mesmo, que se exerce sempre com inteira gratuidade, que triunfa de todas as servidões da utilidade e do esforço e que, na sua indivisível unidade, encerra uma infinidade de movimentos inesperados e imprevistos. "O símbolo da graça não é o andar, é a dança."

A graça é inseparável do tempo, já que o é do movimento. Mas, assim como no movimento ela nos faz atentos mais à inflexão da sua curva do que às etapas do seu percurso, ela só nos introduz no tempo para nos libertar dele e para nos permitir esquecê-lo. Ela abole todas as sacudidas, todas as intermitências que criam para nós uma ruptura entre os instantes da sucessão. E nunca procede por aproximação de segmentos justapostos; sempre nos traz de volta a um princípio que produz seus efeitos no tempo sem jamais alienar sua própria unidade. Diz-se às vezes que ela reside em uma pura passagem; mas é porque toda passagem é a marca de uma força que se põe no acontecimento sem submeter-se a ele, que nos mostra esse acontecimento apenas para aniquilá-lo, que o envolve em uma atmosfera espiritual em que sua substância se dissolve, em que nada lhe resta senão um apelo e uma resposta a um desejo que, sem ela, não teria podido nascer. A graça restabelece em toda parte a unidade perdida, revela em toda parte uma harmonia oculta; pois ela associa e funde nossa atividade intermitente e mutilada com a atividade onipresente e invisível que leva todas as coisas para sua eclosão.

É por isso também que a graça se assemelha sempre a um nascimento. Ela nos parece tão natural porque aquilo que nos mostra é a flexão característica de cada ser na totalidade do real e, por assim dizer, o passo eterno pelo qual entra na vida. Mas é preciso que ela os redescubra por trás de todos os artifícios do amor-próprio e do cálculo. A atenção e a reflexão a destroem. Há nela a simplicidade da inocência; e a consciência mesma que tenho dela já é suficiente para alterá-la. A graça não busca nem a novidade nem a invenção: ao contrário, nos revela uma intimidade antiga e desconhecida entre o real e nós. É semelhante a um hábito que descobriríamos pela primeira vez. É a solução de um problema que não tivemos tempo de formular. Há uma graça da infância e a graça é a infância mesma do mundo. A graça abole todas as preocupações que podem nascer, seja do passado, seja do futuro; nela, "a alma liberada permanece só com seu momento"; ela é a suficiência do movimento puro e retém do tempo apenas o necessário para que possa nos revelar a essência das coisas, não mais como um objeto que se contempla, mas como um ritmo que lhes dá vida.

A graça é uma contradição apaziguada. É a fusão de dois termos que parecem se excluir; a facilidade do difícil e a espera do inesperado. É perfeito repouso e perfeito domínio de si, liberdade e contenção ao mesmo tempo. Nela, a escolha e a necessidade coincidem. Ela é a unidade do movimento mais simples associada a uma infinita multiplicidade de movimentos sugeridos e esboçados. É um silêncio no qual milhares de vozes se compõem. Ou, ainda, como vemos nos movimentos dos felinos, é um repouso alerta, carregado de reações imprevisíveis e nas quais o efeito parece sempre "partir antes da causa". É a síntese da resposta e do desejo. O milagre da graça é juntar o espiritual e o material de maneira tão íntima que não mais os discernimos. O movimento pelo qual ela anima os corpos os desmaterializa: seu efeito não é apenas vencer sua inércia, mas suprimi-la. Pode-se dizer igualmente que a graça os faz perder a opacidade e a resistência que formam sua natureza de corpos, de tal modo que parece torná-los invisíveis como corpos, mostrando-nos pela primeira vez sua natureza verdadeira, como se a barreira que nos separava deles de repente caísse e sua aparência fosse agora apenas a dádiva da sua presença viva. E esse movimento tem tanto mais graça quanto permanece, por sua vez, em suspenso, como se, ao se completar, ele se dividisse e mostrasse o que lhe falta por sua impaciência mesma de atingi-lo. Daí a espécie de graça que se obtém pela simples diminuição da marcha, e que se explica tanto pela suavidade do retorno ao repouso quanto pela requintada leveza em que o peso se faz cúmplice de um corpo que até então devia lutar contra ele pelo esforço e pela velocidade.

***

Raymond Bayer faz inúmeras observações interessantes sobre essa frágil unidade entre termos opostos que dá à graça uma perfeição sempre nova e emocionante. Mas ele assinala com muita razão que a graça apresenta formas muito diversas, e que "no momento de escrever um livro sobre a graça temos de repente a impressão de que poderíamos igualmente fazer um inquérito sobre *as Graças*". Buscando sempre descobrir na graça uma ambiguidade que se dissolve, uma hesitação que se apazigua, um equilíbrio que se rompe e se restabelece, ele analisa a graça de Marivaux,[1] em cuja obra encontramos pudor, prudência, medo de desagradar e todos aqueles obstáculos ligeiros que o espírito não cessa de inventar para se dar o delicado prazer de fazê-los parecer frívolos. Descreve a graça dos animais temerosos, sempre à espreita, cujo ser trêmulo espera e chama um perigo talvez sem objeto, nos quais o corpo inteiro é fuga, mas fuga imóvel, mais sutil e mais vibrante que uma fuga real. Mostra-nos que a graça pode ser às vezes muito nervosa ou muito relaxada, e que sempre a perdemos quando queremos obtê-la: deparamos então apenas com o maneirismo, que é justamente o contrário dela. Ele insiste, com razão, em certo inacabamento e certo polimorfismo dos possíveis que são inseparáveis da graça e suficientes para opô-la à beleza, se é verdade que esta implica sempre uma plenitude e uma perfeita posse.

A graça é o começo de tudo, pertence à juventude mais do que à maturidade. É aquela indecisão harmoniosa da forma adolescente antes que a forma humana seja fixada. É feita

---

[1] Pierre de Marivaux (1688-1763), dramaturgo e romancista francês. (N. T.)

de modulações incessantes entre valores vizinhos e escapa a todos os cânones. Como vemos na pintura de um corpo feminino, ela lança um véu sobre a independência dos órgãos e dos membros. E com frequência nos atinge de maneira ainda mais viva quando comporta alguma medida que não é inteiramente justa.

Ainda por oposição à beleza, a graça é fisionômica. Irradia-se na superfície mesma da epiderme, isto é, naquela região do mundo em que se juntam o de dentro e o de fora, onde a menor linha é ao mesmo tempo uma expressão do sentimento e uma pincelada de luz: a graça resulta da concordância entre eles. Envolve o corpo inteiro "em um lirismo sem tormento"; confere-lhe um polimento feito "de minúsculas saliências e curvas imponderáveis". Escutemos o que os irmãos Goncourt dizem de Prud'hon:[2]

> Ele nuança as menores indicações de luz; faz perceber a menor gradação de planos e só se detém quando a imagem vive e palpita sob as inúmeras linhas justapostas no seu desenho como em uma trama de luz.

Mas a situação de Leonardo da Vinci em relação à graça é particularmente instrutiva, pois ele busca não apenas elevar sempre a graça até a beleza, mas também recusa uma graça que fosse apenas um dom. Para ele, a graça é um problema: é sempre o efeito de uma habilidade e de um êxito. Costuma-se opor, à arte que constrói o real por uma espécie de arranjo intelectual, uma arte que busca apenas sugeri-lo e fazê-lo sentir. Leonardo reúne as duas: dir-se-ia que ele busca obter "uma evocação disciplinada do mistério". E é por isso que toma todos os seus recursos da luz: "A pintura, diz ele, não é senão um efeito e uma composição de sombra e de luz, de claro e de escuro: nada mais é necessário do que essas duas não cores". Mas, ao fundi-las, ele obtém o *sfumato*, que é a atmosfera de todos os seus quadros. Eis aí o segredo dessa pintura "sem sinais nem traços" que, pela simples magia do claro-escuro,

---

[2] Pierre-Paul Prud'hon (1758-1823), pintor romântico francês. (N. T.)

faz emergir cada personagem da sombra como uma aparição, dá a cada forma um contorno perfeito, mas tão suave e tão esbatido que coincide com o ar vivo que o cerca, e encontra sua expressão mais sutil nesse sorriso estranho que não cessa de nos inquietar e que, por mais afastado que esteja de uma graça puramente natural, assemelha-se, no entanto, à irônica recusa de uma graça sobrenatural.

1º de julho de 1934.

12. A VISÃO E O DESENHO

Entre os diferentes sentidos, a visão possui uma espécie de privilégio. É o sentido do conhecimento, mas também de todas as ilusões do conhecimento. Não podemos pronunciar as palavras *o mundo* sem evocar imediatamente o imenso espetáculo que a visão nos propõe. Em um espaço descoberto, esse espetáculo se estende diante de nós até o horizonte, e imaginamos que esse horizonte se fecha em torno de nós como a formar um círculo ideal do qual somos o centro, o que se confirma se nos viramos. Quando levantamos a cabeça e o céu está limpo, uma abóbada aparece como uma superfície sutil e irreal que limita a atmosfera e detém o olhar. Mas objetos enchem o espaço, nuvens povoam o céu, de tal modo que o mundo da visão é para nós um mundo ondulado de aparências mutáveis, cada uma delas se revelando por um contorno que podemos acompanhar e por um contato imaterial, indefinível e emocionante, que chamamos sua cor. Nosso olhar domina e abarca esse grande espetáculo, o percorre em todos os sentidos: o menor dos seus movimentos chama à existência ou precipita no nada os objetos mais diversos. Pousa em cada um deles sucessivamente, demora-se neles com maior ou menor complacência, esposa sua forma e seu contorno com tanta fidelidade que tem a ilusão de criá-los. Abandona um objeto, passa de um a outro com extrema mobilidade e, apesar da variedade desses movimentos, o mundo inteiro permanece presente para ele como um imenso e único quadro. Faz-se o cúmplice da luz, associa-se a todos os seus jogos; e a distribuição mesma das coisas resulta para ele da relação das sombras e das claridades.

Os outros sentidos não têm, de maneira assim tão direta, o conhecimento por finalidade. Deixemos de lado o olfato e o gosto, que nos fazem penetrar na essência química das coisas e nos revelam sua afinidade com nossa própria vida. É fácil perceber que o próprio da audição é fazer-nos atentos não à presença dos objetos, mas a certos abalos que eles sofrem e que são, para nós, uma espécie de sinais e de advertências: tal é a função mesma da fala, que se presta tão bem à comunicação dos nossos pensamentos, mas que não nos dispensa de um recurso à experiência visual, na qual sempre buscam reencontrar o contato com a realidade. Esse contato, porém, é ainda ideal: somente o tato atinge os corpos que nos resistem e que não são mais simples imagens. Mas um objeto que tocamos na escuridão nos indica apenas sua existência: só temos a revelação do que ele é quando a luz o ilumina.

Assim, só conhecemos o que vemos, mas só acreditamos realmente na existência do que tocamos; e, quando não podemos obter a correspondência entre o que vemos e o que tocamos, sempre acreditamos ser vítimas de uma ilusão. Pois pensamos que a visão nos dá a imagem das coisas e não as próprias coisas. Certamente essa imagem não está situada, primeiramente, dentro de nós para ser projetada, a seguir, fora de nós; vemo-la desde o início no lugar mesmo ocupado pela coisa. Mas é preciso que a imagem não se confunda com a coisa para ser o conhecimento dela. Na imagem, a coisa nos aparece a uma distância maior ou menor do nosso corpo; aumenta ou diminui conforme nos aproximamos ou nos afastamos; nunca volta em nossa direção senão uma de suas faces; sofre deformações e torções conforme a olhemos deste ou daquele ângulo. Poderíamos pensar que o mundo real é o mundo visual onde a grandeza e a forma dos corpos não cessam de variar em virtude de leis regulares, segundo nossa posição em relação a eles. Mas o tato nos oferece uma experiência constante de cada objeto. Permite-nos reencontrar a identidade da sua forma e do seu tamanho por uma coincidência sempre nova da sua superfície e da superfície do nosso corpo. Assim, o tato fornece uma espécie de ponto de apoio para a ação da inteligência, que não considera que o objeto seja alheio a todas as perspectivas que nos dá sobre ele, e sim como a encruzilhada e o lugar de encontro de todas essas perspectivas, mas cada uma delas sendo tal que, quando dada, exclui as outras.

∗∗∗

A palavra *imagem* é tomada da linguagem da visão. Mesmo assim, apresenta aqui uma ambiguidade instrutiva: pois as percepções visuais já são, para nós, imagens que não confundimos com as coisas e que só coincidiriam com elas se pudéssemos transpor o espaço que nos separa delas. Mas a palavra *imagem* evoca em geral a representação de um objeto ausente, isto é, separado de nós não pelo espaço, mas pelo tempo. Ora, entende-se facilmente como se pode passar do primeiro sentido ao segundo se pensarmos em um objeto que se afasta aos poucos até o momento em que sua presença sensível desaparece: para continuarmos ainda a representá-lo, precisamos aproximá-lo de nós pela imaginação; mas sua distância no espaço não é mais que aparente; somente sua distância no tempo é real.

Devemos ser gratos a René Duret por ter empreendido, em um pequeno livro intitulado *Les Aspects de l'Image Visuel* [Os Aspectos da Imagem Visual], um exame penetrante das características fugazes que pertencem à imagem e que a fazem nos escapar sempre no momento em que julgamos apreendê-la. Ele mostra com muito acerto que a imagem não é um ser independente inserido entre o espírito e o mundo, mas certa relação do espírito no mundo, certa maneira de a representarmos ou, se quiserem, de a vermos. Mas mostra, ao mesmo tempo, que, embora a imagem seja sempre uma perspectiva particular sobre um objeto, ela é sempre acompanhada de certo saber pelo qual evoco outras perspectivas, passando de uma a outra e considerando-as todas virtualmente presentes tão logo a primeira me é dada. Enfim, é na relação da visão e do desenho que ele busca captar a verdadeira natureza da imagem, o que parecerá legítimo se é verdade que o desenho tem por finalidade formar uma "imagem" do objeto, uma imagem que envolve todo o nosso espírito, já que precisamos primeiro buscá-la no interior do próprio objeto para sermos capazes de figurá-la, e só a figuramos para tomar posse dela, para poder tê-la verdadeiramente sob o olhar do pensamento.

O desenho é o arcabouço comum a todas as artes. Ele nos ensina a reconhecer as formas traçando-as, cria uma aliança entre o olhar e a mão. Revela-nos um mundo que parecia primeiro existir sem nós e que só existe, no entanto, em relação a nós, mundo do qual somos capazes de ser o mestre na medida em que formos mais dóceis a ele. O desenho utiliza uma ponta fina, do lápis, da pena ou do pincel, a fim de engendrar a imagem graças a um movimento quase puro; mas essa ponta já imita, materializando-a, a ponta ainda mais fina do olhar, cuja mobilidade, a exatidão e a delicadeza seguem a ordenação do real mesmo em seus mais sutis delineamentos.

É a terceira dimensão que dá às coisas sua verdadeira realidade, e nos permite dar a volta em torno delas. O desenho as transpõe em uma superfície onde elas se tornam puras aparências; ele mais as evoca do que as reproduz. Essa transposição muda a natureza das coisas, espiritualiza-as. Mas a ação do lápis está calcada na do olhar, e só olhamos o objeto com tanta penetração e tanta insistência porque queremos nos apoderar de sua forma, reconstituindo-a.

No entanto nunca tenho o objeto mesmo diante dos olhos. Cesso de olhar para ele tão logo começo o primeiro traço; meu verdadeiro modelo, portanto, é a imagem que trago no espírito e, consequentemente, uma primeira lembrança do objeto e não o próprio objeto. Só que o objeto continua presente e o reencontro assim que levanto os olhos. A imagem interior, portanto, parece mediadora entre o real e o desenho. É por ela que passo de um a outro. O espírito está no trajeto que os aproxima e que precisa ser atravessado para que o desenho possa nascer. É nessa oscilação ininterrupta, que vai do original à cópia, que a imagem se forma; por ela me liberto do objeto e é ela que conduz minha mão. Ela abre um campo à minha iniciativa e me obriga a uma ação criadora que, graças a um retorno incessante do olhar ao modelo, se retifica a si própria, tornando-se ao mesmo tempo sempre mais fiel e mais inventiva. É ela que parece produzir essa coordenação do olho e da mão pela qual o olho se torna mais perspicaz. O olhar percorre o objeto em todos os sentidos para fazer que o traço o acompanhe, e são seus deslocamentos e suas paradas que reencontramos ainda em todas as hesitações do desenho.

Mas o desenho não é a simples transcrição de uma imagem que trazemos inteiramente pronta dentro de nós; ele a procura e é somente nele que ela se realiza. Até então ela permanece incerta e, por assim dizer, virtual. É o desenho que lhe dá o corpo que lhe faltava e sem o qual ela é somente possibilidade pura. Pode-se mesmo dizer que, em certo sentido, ele a antecipa: cada traço é uma tentativa que faço, no qual procuro menos fixá-la do que reconhecê-la. Ela não é um quadro já realizado no espírito: é, por assim dizer, um quadro que começo, que não consigo perceber claramente, que me dá insegurança enquanto não estiver terminado, e que só termina na tela ou no papel. E Duret, retomando aqui algumas observações de Alain, mostra com razão que o desenho antes cria a lembrança do que procede dela, e que os falsos traços que o desenhista deixa subsistir se destinam precisamente a mostrar seus ensaios: eles dão à sua obra a maleabilidade e a vibração da vida. O próprio do desenho, portanto, parece, ao mesmo tempo, nos separar do objeto e nos submeter a ele; é que a função do desenho é precisamente torná-lo nosso. O que há de mais notável nele é supor uma longa série de operações efetuadas no tempo a fim de juntar, uma à outra, duas representações simultâneas e instantâneas: a que nos é fornecida pelo objeto e a que o próprio desenho nos fornece quando terminado. Mas a perfeição do desenho é bastar-se em si, isto é, não propriamente evocar o objeto a propósito dessa figuração, mas abolir o intervalo que os separa e nos mostrar o objeto mesmo em sua figuração. Assim, ele evidencia a atividade do espírito na percepção, produz do objeto uma imagem espiritual, mas só consegue tomar posse dessa imagem ao realizá-la.

***

O desenho levanta outros problemas que interessam mais diretamente ainda à teoria da visão. Nunca vemos senão um aspecto do objeto, que depende da posição que ocupamos em relação a ele e que a perspectiva geométrica define com exatidão. Mas temos sobre o objeto mesmo um saber muito mais extenso: conhecemos sua grandeza real, sua estrutura, as verdadeiras relações de suas partes. E o que vemos dele nunca pode ser completamente separado do que sabemos dele. A criança quer que seu desenho contenha todos os elementos do objeto, inclusive os que são invisíveis. O mesmo acontece com o primitivo.

> Embora eu saiba, diz Maurice Denis, que há trinta casas, duas praças e três igrejas nessa velha cidade cercada de muralhas, a perspectiva não me permite mostrá-las claramente pela pintura. O primitivo não hesita: dispõe uma abaixo da outra as trinta casas, as três igrejas, e cerca tudo com uma muralha; ele prefere a realidade à aparência da realidade.

Os experimentos mais ousados da arte moderna buscam também figurar, para além da estrita percepção visual, a totalidade do objeto. Cézanne apresenta "um volume que exibe na tela o que escapa à visão real". E o cubismo chegou a ser definido como "a arte de pintar conjuntos novos com elementos tomados não da realidade, mas da realidade do conhecimento". Na verdade, somente a circulação em torno do objeto poderia fazer aparecer suas faces sucessivas: ora, é impossível que o artista consiga representá-las justapondo-as. A arte do desenho deve, portanto, se resignar a representar os objetos tais como aparecem e não tais como são. Mas o maior de todos os pintores é aquele que, sem representar outra coisa senão a aparência, sabe conduzi-la até o ponto em que ela manifesta a estrutura em vez de a dissimular, e que, em vez de dar do instante que passa uma figuração eterna, nos permite apreender a eternidade mesma do objeto em um instante incomparável e que recomeça sempre.

Mais ainda. Qual é o grau de verdade da própria perspectiva geométrica? Ela é verdadeira de um modo abstrato, isto é, para alguém que contemplasse o mundo com indiferença, sem interesse e sem paixão. Mas nós o olhamos com todos os nossos sentidos, com todos os nossos sentimentos, com todo o nosso ser: é somente assim que ele possui para nós realidade e que adquire, fora de suas dimensões métricas, dimensões espirituais das quais as primeiras são apenas o suporte inerte. Nosso olhar dá aos objetos tanto mais brilho, intensidade e relevo quanto mais eles nos comovem, quanto mais significativos e emocionantes forem para nós. E assim como percebemos o mundo com nosso pensamento e não apenas com nossos olhos, o que faz que queiramos descobrir a estrutura das coisas através da sua aparência, assim também o percebemos com nossa sensibilidade e não apenas com nossas sensações, de tal modo que queremos descobrir igualmente o valor das coisas por trás da sua medida.

O desenho nos revela a presença, na visão, de vários aspectos diferentes e cuja união ele nos ensina a manter: pois precisamos poder representar as coisas, ao mesmo tempo e indivisivelmente, como tendo uma existência e uma solidez que lhes permite subsistir por si mesmas, embora nunca nos mostrem senão uma aparência única e privilegiada, e como variando conforme seu afastamento material em relação ao nosso corpo e conforme a emoção desigual que nos causam, e que mede sua distância espiritual. É inevitável que, nesses diferentes pontos de vista, um possa sempre ser preferido a outros: o que cria a distinção entre as diferentes escolas artísticas.

O estudo do desenho, portanto, é singularmente instrutivo para o filósofo, pois mostra que o próprio da visão é nos dar uma representação na qual o individual e o universal são inseparáveis. Ela busca sempre atingir o real, mas através de uma perspectiva sempre individual. E essa perspectiva não pode ser puramente abstrata: é também afetiva, sendo pelo afeto que ela alcança o real, na medida em que o afeto é mais vivo. Se essas relações não forem respeitadas, a arte se torna falsa, inverossímil e deixamos de acreditar nela, ou então se torna técnica e formal, e deixa de nos comover. É significativo que a palavra *contemplação*, pela qual designamos o caráter mais alto da vida espiritual, seja ela mesma tomada da linguagem da visão. É que a vida do espírito também nos revela uma realidade que nos ultrapassa, mas que percebemos sempre por um ato que é nosso; é que ela é uma participação sempre relacionada com nossa posição interior, isto é, com nossos méritos, e que se transforma em união quando o egoísmo se cala e quando o amor-próprio cede lugar ao amor.

3 de maio de 1936.

13. Reflexões sobre a nova psicologia da forma

Nossos leitores talvez recordem que, a propósito do belo livro de Focillon, *A Vida das Formas*, fomos levados a buscar a noção de forma considerando-a sob seu aspecto estético, que certamente a revela da maneira mais emocionante e mais pura.[1] Dizíamos então que a forma exprimia a individualidade mesma das coisas, a fronteira que circunscreve o ser delas no interior do universo do qual fazem parte: ela nos parecia residir ao mesmo tempo no conjunto dos pontos que limitam sua expansão interior, nos quais se detém e morre, e na aparência que as coisas nos mostram, mas que nos permite, ao apreendê-la, fazer reviver em nós o movimento mesmo que elas testemunham e que as produziu.

Mas a noção de forma vai muito além do domínio da estética. Ela pertence a uma tradição filosófica muito antiga, que a elaborou aos poucos. E aconteceu a ela, como a todas as noções nas quais a reflexão se aprofundou em demasia, de perder gradativamente todo contato com a experiência da qual procede. De tal maneira que ela pode servir hoje, por uma espécie de paradoxo, para designar justamente toda ruptura em relação à própria experiência; é o que se compreenderá

---

[1] Cf. capítulo "A Arte e a Forma", 2ª parte, p. 72.

facilmente se pensarmos que, para defini-la com precisão, acreditou-se dever isolá-la do seu conteúdo, justificando assim antecipadamente todas as críticas que se fariam mais tarde a uma verdade dita apenas "formal", ou a uma ação ditada apenas pelo "respeito à forma".

Foi a filosofia de Aristóteles que deu à oposição entre matéria e forma sua importância privilegiada: essa oposição encontrava seu princípio e seu modelo na atividade do artesão ou do artista, que não pode prescindir de uma matéria indeterminada na qual imprime um contorno, a fim de lhe dar um uso ou uma significação. A forma é, ao mesmo tempo, a ideia que ele busca encarnar e o efeito que busca realizar, e a matéria, apenas o suporte e o meio dela. Com isso a forma é, ela mesma, imaterial: é o ato do espírito que introduz no real a marca dos seus desígnios. Essa distinção entre uma atividade formadora e uma matéria alheia à forma, mas que se presta a recebê-la, subsiste ainda em uma doutrina como a de Kant e, de maneira geral, talvez em todas as teorias dualistas nas quais a operação do conhecimento é vista como diferente do seu conteúdo. A matéria é então o domínio do "informe": é semelhante ao caos da mitologia, antes que o espírito o penetre e o submeta à ordem e à medida.

Pode-se, é verdade, despojar a forma desse prestígio que lhe dão quando a consideram a marca original do pensamento sobre as coisas. Pode-se imaginar que o real é constituído por elementos que são os átomos, no mundo físico, ou as sensações, no mundo psicológico. Esses elementos desempenham o papel de uma matéria suscetível de adquirir formas muito diferentes conforme os arranjos nos quais podem entrar, em virtude das leis da mecânica ou das leis da associação de ideias. As formas então se fazem e se desfazem, de acordo com os acasos dos diversos encontros: elas têm apenas um interesse momentâneo e subjetivo. Mas a verdadeira realidade está noutra parte: está nos elementos que essas formas reúnem, que a análise nos permite descobrir e que estão sempre prontos a se dissociar para entrar em formas novas. Em certo sentido, a psicologia associacionista, que parecia ter triunfado no final do século XIX, era o exato oposto da psicologia de Aristóteles, pois, ao fazer da forma um acidente, a subordinava à matéria; no entanto, ela permanecia fiel aos mesmos princípios, já que admitia igualmente a distinção dessas duas noções e buscava ainda o meio de uni-las.

Mas, no começo do século XX, vimos aparecer na Alemanha uma psicologia nova, que se opõe tanto aos postulados da filosofia tradicional, recusando-se a admitir que a forma e a matéria podem ser separadas, quanto aos da psicologia analítica, considerando que as formas, e não mais seus elementos, são o objeto primeiro e essencial da investigação. Entre os pesquisadores dessa escola, os mais célebres são Wertheimer, Koehler, Koffka e Lewin; suas pesquisas tiveram grande repercussão, em particular nos Estados Unidos. Devemos ser gratos a Paul Guillaume por nos ter resumido os principais trabalhos deles em um livro intitulado *La Psychologie de la Forme* [A Psicologia da Forma], que contém uma documentação minuciosa e segura de suas obras e manifesta simpatia por elas, sem dissimular, no entanto, algumas insuficiências de suas teses ou mesmo sua incerteza filosófica.

A experiência nunca nos oferece senão totalidades ou conjuntos: porém, sempre imaginamos não apenas que cada conjunto é a soma dos seus elementos, mas também que, para perceber o todo, precisamos agrupar os elementos, embora só os tenhamos descoberto posteriormente ao todo e por uma operação que o divide. Foi contra essa interpretação que os partidários da teoria da forma se insurgiram. Para eles, os elementos só têm realidade nos conjuntos em cujo interior estão envolvidos. Não são os mesmos quando isolados ou quando associados com outros em uma forma organizada. É o que se percebe bem quando se considera um som particular, separado de qualquer outro som, ou integrado em uma sequência melódica. Quanto à forma, ela possui uma originalidade e uma independência verdadeiras em relação aos elementos que a compõem: assim, na melodia cujo tom é transposto, todas as notas se tornam diferentes, embora a forma melódica permaneça a mesma. Ao contrário, e por uma espécie de ironia, se uma única nota fosse alterada e todas as outras continuassem idênticas, a melodia é que seria diferente. Com isso somos levados a considerar que a percepção do todo não é resultante do arranjo dos elementos: ele é que dá a esses elementos seu valor e seu sentido.

Ora, em que consiste essa forma ou essa estrutura que apreendemos subitamente, sem precisar construí-la? Embora Guillaume hesite em reconhecer na teoria da forma uma das doutrinas clássicas entre as quais se divide a especulação filosófica, talvez ele nos conceda que ela merece o nome de realismo e que possui inclusive uma inflexão especificamente anti-idealista. Pode-se dizer, de fato, que ela rejeita antes de tudo a ideia de uma faculdade autônoma de organização, de uma função sintética do espírito, de um poder subjetivo e pessoal que introduziria nas coisas a sistematização e a unidade. A forma é imanente ao real, cabendo-nos apenas apreendê-la. É uma propriedade do objeto dada com ele, e sem a qual não poderia existir nem ser percebido. Mais ainda, é antes nas leis do mundo físico do que no exercício da atividade do espírito que devemos buscar sua origem e sua explicação. Ela não é de maneira alguma um produto da arte humana, como o sugeria o aristotelismo, mas sim o efeito de um equilíbrio físico. Pode-se invocar, para compreender sua natureza, o princípio de Le Châtelier,[2] que mostra que todo sistema tende sempre à estrutura mais regular e mais simétrica. A bolha de sabão adquire uma forma esférica porque, de todas as figuras, a esfera é a mais simples e a mais regular, e também a que possui, para um volume igual, a menor superfície.

Assim, a nova escola não aceitará a concepção clássica de que a organização do real depende da busca no mundo de objetos que se conformam a nossas necessidades. Segundo Rignano, o que percebemos na fruta que acalma nossa fome,

---

[2] Henri Le Châtelier (1850-1936), químico industrial francês. (N. T.)

na árvore que nos protege do sol, na ferramenta que utilizamos, é a unidade de uma figura que traduz a unidade de uma necessidade. A teoria da forma lhe replica que muitas percepções têm um caráter desinteressado – por exemplo, as percepções estéticas – e que uma melodia permanece fixa seja qual for o sentimento de satisfação ou de tédio que provoque. Recusa-se, assim, a conceder demais à educação ou à experiência adquirida para explicar como chegamos a distinguir os objetos uns dos outros e a circunscrever seu contorno. Pois conhecer não é apenas reconhecer: senão, como teria se efetuado o conhecimento, na primeira vez? Certamente reconhecemos na disposição de manchas de tinta ou das nuvens no céu certas formas que nos são familiares. Mas não é qualquer forma que vemos: as manchas ou as nuvens precisam estar dispostas de certa maneira. É necessário concluir, portanto, que os objetos se individualizam em virtude de leis da forma, em vez de dizer que lhes atribuo uma forma a fim de poder individualizá-los.

Mas que leis da forma são essas de que nos falam? Há formas que nos dão mais satisfação, que apreendemos com mais facilidade, que buscamos naturalmente reencontrar nas coisas, manter diante dos nossos olhos quando elas tendem a se dissipar. São essas que a escola chama de "boas formas". Elas têm um caráter "pregnante" pelo qual se impõem a nós, tornando inútil todo esforço que faríamos para aboli-las. Multiplicam-se as experiências para nos mostrar quais são os fatores que as determinam: entre eles podemos citar a proximidade e a semelhança entre os elementos, o contraste entre a figura e o fundo, a articulação interna das partes do conjunto.

***

A palavra *forma* evoca sempre uma configuração dos corpos no espaço. Parece, portanto, que ela designa primeiramente um caráter da representação visual. E não nos surpreenderemos que os trabalhos mais importantes dessa escola se ocupem, de fato, das formas extensas. Contudo, a essência comum de todas as percepções é apreender sempre uma forma. Assim, há formas sonoras, como vimos no exemplo de uma melodia; e talvez se deva mesmo dizer que a divisão e o ritmo que elas introduzem no tempo nos permitem muitas vezes captar sua organização original com mais clareza do que a sobreposição de relações simultâneas nos objetos habituais da visão. E mais: a teoria da forma não pretende apenas explicar a percepção das coisas, mas também a natureza mesma das nossas ações. Tomemos o exemplo do instinto. Ela se recusará a fazer dele uma simples associação de reflexos, assim como se recusava a fazer da percepção uma simples associação de sensações. Mas invocará, para explicá-lo, as leis de equilíbrio físico, como o fazia quando se tratava de explicar o aparecimento das formas materiais. Com efeito, a ação nunca pode ser separada do meio no qual se exerce. Ela é um todo no qual o resultado final pode ser considerado a resolução de todas as tensões produzidas pelos estímulos que a determinam. Assim, Koffka pode comparar a construção do ninho por uma ave a uma melodia começada que tende a certo acabamento. Mas, de maneira mais geral, há sempre uma relação muito estreita entre o ato e a situação; ele está sempre em correlação com o campo no qual se realiza e, tão logo a percepção muda, ele muda também. É desse modo que se consideram formas de atos característicos a busca de alimento, o ataque ou a fuga.

Criticou-se com frequência a teoria da forma por rebaixar o papel da memória; o que se compreenderá facilmente se pensarmos que a forma deve ser apreendida de imediato, e não elaborada em nós ao longo da experiência. Pode-se mesmo dizer que, se na concepção clássica, a apreensão da forma é o efeito da lembrança, aqui é a constituição da lembrança que é um efeito da apreensão da forma. No estudo da inteligência, ela mostra também que os elementos se incorporam às relações que os unem, de tal modo que se trata, para nós, de discernir formas que nos são dadas; a distinção entre funções sensitivas e funções intelectuais deve ser rejeitada junto com a distinção entre matéria e forma, e a inteligibilidade não é senão "a expressão da organização espontânea e manifesta de um todo em virtude de suas leis internas".

É no estudo dos fenômenos da expressão que a psicologia da forma encontra, talvez, as explicações mais interessantes, porém mais suscetíveis de ambiguidades que somente uma reflexão filosófica poderia dissipar. De fato, essa teoria não reconhece diferença de natureza entre os fenômenos psicológicos e os fenômenos físicos, tomando destes o modelo daqueles. Assim, ela não teme afirmar, apesar do caráter inverificável dessa hipótese fisiológica, que há "isomorfismo" entre as formas da percepção e as formas dos processos nervosos. Em sentido oposto, e de maneira bem mais verossímil ou pelo menos mais fácil de controlar, mostra que a expressão de um fenômeno se assemelha ao fenômeno que ela exprime. Evoca-se uma frase de Goethe que diz: "O que está dentro também está fora". Afirma-se que a percepção inicial é essencialmente fisionômica, ou mesmo, como o querem Krüger e Volkelt, que a forma primitiva de um todo qualquer é um sentimento. Entendemos claramente que não se trata aqui apenas das expressões do rosto ou do corpo humano, pois não há forma no mundo que não seja expressiva. O sentimento é então a forma de apreensão do complexo. Assim, não é medindo os lados de um retângulo que apreciamos sua forma verdadeira, mas sentindo-a elegante ou achatada, leve ou pesada. A mesma interpretação nos permitirá explicar as "sinestesias", reconhecendo a identidade de uma mesma forma afetiva nos dados sensíveis mais diversos, e dizer de uma cor que ela é quente, de um som que ele é claro, de um perfume que ele é penetrante; essa interpretação nos permitirá, também, reintegrar o valor de certo impressionismo, que nos mostra a origem de um caráter na aparência do rosto, na voz ou na escrita; essa interpretação nos permitirá, enfim, aprofundar a natureza do fenômeno da imitação, reencontrando a constância de certa forma no sentimento que experimentamos e nos movimentos que o traduzem.

Mas aqui a teoria inteira nos parece oscilar em dois sentidos diferentes: pois tanto se pode fazer do que se sente algo de análogo ao que se vê, isto é, uma aparência, que está no mesmo plano e pertence ao mesmo mundo; como se pode fazer do que se sente a razão e a significação do que se vê, que o exprime e se lhe assemelha, mas possui outra natureza, como uma cena que vivemos difere do espetáculo que ela oferece a outrem. A mesma confusão nos parece residir na interpretação das formas da percepção, da inteligência ou da vontade, pois se acredita ser possível abster-se de *formá-las*, bastando descrevê-las: mas não se pode percebê-las sem experimentá-las, isto é, sem refazê-las. Assim elas nada mais são, parece-nos, que um ato do espírito imobilizado, tal como este se reflete, às vezes imediatamente, em um objeto capaz de ser contemplado. Temos também algumas dúvidas sobre as razões do aparecimento das "boas formas" facilmente apreendidas e que nos dariam uma perfeita satisfação por seu caráter de regularidade e de simetria. Haveria nelas apenas uma tendência mecânica de um conjunto de elementos para reencontrar sua posição de equilíbrio? Apesar do parentesco dos termos, seria isso o que subsiste do que entendíamos outrora por simplicidade da ordem e da proporção, considerada o ideal da razão e que, uma vez obtida, dá ao nosso espírito uma alegria racional e estética ao mesmo tempo? Não se pode aceitar simplesmente que as formas que julgamos mais fáceis e mais perfeitas sejam um puro efeito da lei da inércia. Ou, pelo menos, seria preciso aprofundar mais a relação entre a inércia material no mundo físico e a tensão inventiva no mundo do pensamento, e buscar saber, como a própria teoria parece nos sugerir às vezes, por que as formas mais simples, mais fáceis e mais naturais, as que mais admiramos no domínio da ciência e da arte, são também as que foram alcançadas por um esforço laborioso, difícil e muitas vezes doloroso, e do qual elas representam ao mesmo tempo a extremidade e o repouso.

5 de setembro de 1937.

14. A SINCERIDADE DO ARTISTA

No novo livro que Charles Lalo acaba de dedicar a *Expression de la Vie dans l'Art* [Expressão da Vida na Arte] reencontramos a mesma riqueza de informação, a mesma sutileza de análise, a mesma ironia em relação aos sistemas que nos seus estudos anteriores sobre *Les Sentiments Esthétiques* [Os Sentimentos Estéticos], *L'Art et la Morale* [A Arte e a Moral], *L'Art et la Vie Sociale* [A Arte e a Vida Social]. A obra que ele publica hoje é somente uma introdução crítica a dois outros livros mais construtivos que em breve serão lançados com os títulos *L'Art Loin de la Vie* [A Arte Longe da Vida] e *L'Art Près de la Vie* [A Arte Próxima da Vida]. Mas a escolha dessas fórmulas já nos mostra claramente qual é o propósito do autor: abordar o problema da criação artística naquele ponto sensível em que ela se liga à atividade cotidiana e, no entanto, separa-se dela; em que convida a personalidade a se exprimir e, no entanto, a se ultrapassar; a fornecer seu próprio segredo e, no entanto, a se evadir.

Entre o homem e o artista se observa, no mesmo indivíduo, algo como um diálogo contínuo, uma ambiguidade irritante que alternadamente o exalta e o mortifica. Onde reside seu eu verdadeiro? Nos estranhos momentos de sua vida em que ele arranca a obra das entranhas, hesitando em se reconhecer porque ela não é mais que exigência interior e dolorosa, puro tremor de ansiedade e esperança? Ou no ritmo natural de vida que abandonou há pouco e no qual recairá em seguida e que, embora o humilhando, lhe dá uma familiaridade mais tranquila e suave consigo mesmo? Deve ele se contemplar na obra como em um espelho, quando esta se separa assim que nasce, gozando agora de uma existência independente, tornando-se um objeto que lhe resiste e no qual se encerra um ser que ele não é mais? Ou seu eu verdadeiro é o que sobreviveu, que nunca chegou a se confundir com suas criações e que, no espetáculo de cada uma delas, testemunhava um fracasso da sua vida real, um intervalo que separava o ser que ele era do que ele gostaria de ter sido?

Charles Lalo se compraz em estudar essa ambiguidade que nos obriga a considerar a criação artística ora como o ato pelo qual a personalidade se descobre, se exprime e se realiza, ora como o ato pelo qual ela se esquece, se abandona e busca alcançar, em uma espécie de posse ilusória, tudo o que o destino lhe recusou. Sentimos sempre o mais vivo interesse em comparar a obra do artista com sua vida. Mas essa comparação seguidamente nos ilude: nem sempre a vida dá a chave da obra. Embora não possamos captar no conteúdo da vida o que buscávamos, isto é, uma grandeza ou uma delicadeza nos sentimentos ou nos atos que a obra parecia testemunhar, pode acontecer, pelo menos, que ela nos aproxime mais do indivíduo cujas fraquezas e misérias foram as mesmas que as nossas. Assim, à admiração pelo artista poderá juntar-se uma ternura pelo homem que pedia à sua obra precisamente o que ela nos deu: a revelação do seu desejo mais alto, mas também um consolo, um remédio e, às vezes, uma espécie de desforra contra si mesmo.

Não devemos nos surpreender, portanto, que a criação artística mostre, às vezes, uma conformidade com a vida e, outras vezes, uma divergência com ela; e Lalo acrescenta com muita fineza que a criação artística nem sempre desempenha, nesse ponto, o mesmo papel para o espectador e para o artista. Para cada um deles a arte pode ser o prolongamento da vida.

Então ela a confirma, a justifica e a expande no gozo de tudo o que esta deseja e ama: ora a reflete e lhe permite comprazer-se, como Narciso, em olhar sua imagem; ora lhe dá mais intensidade e completa seus movimentos apenas começados; ora a ilumina, a melhora e multiplica, sendo o meio pelo qual a vida se cultiva; ora pode curá-la dos males que sofre, mas pela aplicação de um tratamento homeopático; ora, enfim, se é inquieta consigo mesma, serve como uma espécie de confissão, sempre acompanhada de absolvição.

Mas pode acontecer também que a vida, incapaz de suportar seu próprio rosto, em vez de buscar-se a si mesma, só pense em fugir, e a arte se torna, para ela, um meio de libertação que contradiz a atividade real à qual está associada uma espécie de maldição: então, ora ela é um jogo absolutamente desinteressado, mas destinado a nos fazer esquecer as servidões da utilidade, ora é um sonho que adquire consistência, mas que desvia nosso olhar do mundo mais grosseiro onde o corpo e os sentidos nos retêm, ora é um mais-além no qual buscamos penetrar por meio de artifícios, porque a vida cotidiana não nos satisfaz. Quem pensa que o papel da arte é nos purgar e nos imunizar das paixões, quem consome na criação artística uma atividade que, se aplicada à realidade, lhe pareceria penosa, quem enobrece as obras com a imaginação e não teria o gosto ou a força de enobrecê-las com a vontade, esses mostram igualmente que existe entre a arte e a vida uma insuperável contradição: eles pedem à arte que satisfaça as aspirações da sua consciência, às quais não ousam, não podem ou não querem dar livre curso na vida real.

No entanto, se a arte exprime ao mesmo tempo o que está em nós e o que nos falta, o que desejamos e o que possuímos, é que nosso eu não é tão simples como se imagina. Ele é, sobretudo, esforço por ser. E, se parece simultaneamente buscar-se e esquivar-se de si mesmo, é porque tem dentro dele uma multiplicidade de forças que tendem, todas, a se exercer, uma multiplicidade de vozes que pedem, todas, para se fazer ouvir. Existe assim uma "polifonia da alma", que Lalo nos descreve em um capítulo que é o núcleo mesmo do livro:

> A alma, diz ele, não é uma substância indivisível: é uma harmonia. É, para as diversas partes do corpo, o que a melodia é para as notas diversas do canto; está em toda parte ou em cada nota, sem ser nenhuma das notas.

Às vezes é possível reconhecer nela um som fundamental; mas pode não haver nenhum ou haver vários: então se perceberá ora uma consonância, ora uma dissonância, ora ainda um simples ruído. Mas "a alma seria muito pobre se a reduzissem a um simples e perpétuo acorde perfeito maior".

Lalo está preocupado em manter a diversidade e a riqueza da vida interior mais ainda do que sua unidade. Ele não teme dizer, prosseguindo a comparação com a música, que o ideal não é o uníssono das vozes, que faria pensar que só se ouve uma; nessa polifonia, é preciso ouvir também a diversidade dos temas; e o mais dotado é quem for capaz de discernir palavras diferentes para cada parte. No entanto esses sons poderiam permanecer silenciosos se a alma não se deixasse tocar por um chamado ao qual dirige um ouvido atento para poder tirá-los do seu próprio âmago. Assim, em *Prométhée Enchaîné* [Prometeu Mal Acorrentado], Gide dizia de uma maneira quase idêntica: "As coisas na natureza só vibram ao contato do som quando elas mesmas, auxiliadas pelo choque, são capazes de produzi-lo. E não digo que o produzirão sempre".

Portanto, para Lalo como para Gide, o eu é multiforme: ele descobre, ao exercê-los, os poderes que estão dentro dele, com a condição de que saiba responder a todas as ocasiões que lhe são oferecidas; mas é possível que esses poderes permaneçam sempre sepultados. E Lalo cita uma declaração do mesmo escritor cuja ressonância se tornou familiar para nós: "Vivi várias vidas e a real foi a menor de todas. – Nunca sou senão o que acredito ser". O problema da sinceridade sofre então uma curiosa inversão: a arte não deve pedir à conduta o modelo da sinceridade, como se poderia pensar; é ela que deve fornecê-lo à conduta. As imposições da vontade e o medo da opinião alheia alteram o menor de nossos atos e quase sempre nos impedem de ousarmos ser nós mesmos. O artista tem menos reserva.

Mas isso ocorre porque a arte, dirão, é sempre um fingimento: ela nos afasta de nós mesmos e nos obriga a vestir vários personagens que devemos abandonar sucessivamente, a fim de reencontrarmos nosso ser verdadeiro. Ora, esse é precisamente o perigo que se deveria evitar. Pode-se chamar de fingimento um estado em que o eu sente uma emoção tão intensa e tão pura que, quando ela cessa, ele acredita cessar de viver? Pode-se considerar personagens de empréstimo os movimentos da nossa sensibilidade e do nosso pensamento aos quais não receamos nos entregar quando se apresentam e que, se nosso eu real quisesse repudiá-los, lhe deixariam apenas a existência insossa e artificial? Assim, é preciso transportar para a vida o que a arte nos ensina; só uma sinceridade inocente e diversa, e que se entrega sempre ao presente, nos permite descobrirmo-nos, realizarmo-nos e sermos, enfim, o que somos.

Essa comparação entre a arte e a vida é singularmente instrutiva, pois é certo que o eu busca a si mesmo através de suas obras mais ainda do que se exprime por elas. E mesmo se admitirmos, contra a teoria precedente, que buscar-se é também escolher-se e construir-se, é evidente que a arte deve ser para nós a prova da sinceridade. Não que ela deva procurar traduzir com rigorosa fidelidade os sentimentos que realmente vivemos: "A má poesia, diz Oscar Wilde com crueldade, vem dos sentimentos verdadeiros". Mas não devemos esquecer que a emoção artística nos permite atingir um dos ápices da consciência; ela desperta e satisfaz o desejo, nos reconcilia com nós mesmos e nos concilia com o universo; ao nos mostrar a beleza das coisas, lhes dá uma significação inesperada; não é somente uma promessa de felicidade, mas a felicidade mesma, que nos faz tocar de novo sempre que reaparece em nós. Por ela, todos os sentimentos que tivemos recebem uma luz, um brilho, uma profundidade, como se os sentíssemos pela primeira vez. Descobrimos, de repente, sua universalidade e sua eternidade. Até então eles haviam penetrado em nós por um frêmito obscuro; agora, nós é que acreditamos penetrar neles em uma alegria apaziguada e milagrosa. Portanto, a poesia é uma graça que deve permitir não evadirmo-nos da vida durante alguns minutos de lazer, mas, como a própria graça, impregnar nossa vida inteira e transfigurá-la.

***

Há uma espécie de paradoxo da sinceridade que tanto a arte quanto a vida confirmam igualmente. Nosso eu não é um ser formado, mas um ser que se forma a todo instante. Não é uma realidade já feita sobre a qual nossa sinceridade deveria se pautar, que seria seu modelo e que nossas palavras e obras poderiam exprimir com maior ou menor exatidão ou fidelidade. Assim, pôde-se dizer que não há uma verdade sobre o eu, do mesmo modo que há uma verdade sobre um objeto. O célebre preceito que recomenda conhecer-se a si mesmo só é de aplicação tão difícil porque, para conhecer-se, é preciso primeiro fazer-se. E as duas operações coincidem. Por isso, nossos atos aparecem sempre, aos nossos olhos, diferentes do que acreditávamos ser. O que pensamos de nós mesmos é também um véu que nos esconde de nós mesmos. O ato rasga o véu; ele nos submete a uma prova, nos obriga a engajarmo-nos, a irmos além das nossas aquisições; ele nos julga menos por nossas capacidades do que pela aplicação delas; faz-nos penetrar no real pedindo-lhe que colabore conosco e nos responda. As obras mais pessoais são sempre, para seu autor, ao mesmo tempo uma surpresa e uma revelação. Ele só crê descobrir-se nelas porque, graças a elas, se constitui.

Há sempre entre o homem e o artista uma espécie de casamento secreto. O homem pode sentir-se exilado no meio em que transcorre sua vida cotidiana, mas a arte é para ele a busca de uma pátria espiritual, ou, como dizemos hoje, do seu verdadeiro clima. Por mais que Montaigne diga que "a pregação é uma coisa e o pregador é outra", por mais que se hesite, quando se busca o verdadeiro Verlaine, entre o anjo e o devasso, os dois contrários são mais solidários do que se pensa: eles coabitam na mesma consciência. Com frequência o eu tem necessidade da discordância deles para se realizar. Ele busca sempre unificá-los. E acontece de o desejo mais ardente de uma purificação espiritual ser alimentado pelo fogo das paixões mais baixas e deixar atrás de si os resíduos mais terríveis.

A arte, então, não seria mais para nós um simples divertimento. Não seria nem uma evasão do pensamento no domínio do sonho, nem uma atividade de substituição que nos daria a desforra de uma vida frustrada. Há mesmo entre o artista e o sonhador uma espécie de oposição. É o sonhador que foge do real e busca na ociosidade certas complacências fáceis da imaginação: sua mão não tem a força de pegar o instrumento, ou então o deixa cair em seguida. O artista, ao contrário, mesmo o mais idealista, quer tocar o real e fazer que o toquemos; a percepção comum não o satisfaz, pois retém das coisas apenas seu aspecto exterior e lhe revela apenas seu uso. Mas, quando o olhar do artista se põe na superfície delas, ele lhe transmite imediatamente o movimento e a vida: através dessa superfície, há uma espécie de osmose que faz a essência secreta das coisas se mostrar e nossa sensibilidade se colocar diante dela. Usufruímos sua existência tornando-nos atentos à sua presença pura. Mas o artista sabe que, para que esse efeito se produza, para que ele tome posse das coisas e se integre com elas, é preciso que sua atividade as aprenda e consiga, de certo modo, produzi-las. Assim, a criação artística não se assemelha a um jogo: ela sempre tem aquele caráter de seriedade e de esforço, aquela tensão, aquela impaciência dolorosa que fazem que a tarefa cotidiana, quando o artista retorna a ela, lhe sirva de repouso. Não há alegria comparável à que a criação nos dá; mas é uma alegria grave, que seria inexplicável se não pensássemos que ela nos permite obter uma visão mais profunda do real do que nossa visão de todos os dias.

Não quer isso dizer que a arte possui necessariamente, como a própria vida, uma significação metafísica? Não há tese que Lalo combata de maneira mais decidida; e talvez ele tenha razão de criticar as fórmulas muito gerais pelas quais se definiu a arte: ora como uma tradução da ideia, como a ideia adquirindo uma forma sensível; ora como a introdução na matéria de uma vida que viria animar e reduzir tudo o que nela poderia subsistir de insensível e de inerte; ora, ainda, como a expressão de uma liberdade que teria superado todas as coerções que a resistência das coisas não cessa de lhe opor. Lalo entende colocar-se no campo da ciência; quer resolver todos os problemas de estética por um método psicofisiológico. Ele exorciza a ideia do absoluto: diz mesmo, com muita sutileza, que o "relativismo é o pudor do filósofo". Só que o relativo em que vivo é o meu próprio absoluto. E é por isso que cada um de nós é metafísico sem que o queira. Todos concordam em condenar essa concepção da metafísica que encontra crédito somente nos seus adversários, segundo a qual ela nos conduziria a um mundo misterioso situado além de qualquer experiência. Mas o objeto da metafísica, ao contrário, é tentar apreender na consciência, no momento em que se forma, essa atividade que nos permite dizer "eu" e pensar o mundo nos associando, por assim dizer, à sua criação. Não é essa atividade que o artista põe em prática? Não é porque para ele o mundo está sempre a nascer que ele próprio deve nascer a todo instante para uma vida nova? Assim, é preciso julgar sua sinceridade de modo diferente do que se faz às vezes: não é na sua arte, é na sua vida que ele se mostra seguidamente infiel a si mesmo.

25 de junho de 1933.

15. Linguagem científica e linguagem lírica

A linguagem é o corpo do pensamento. E não há pensamento sem corpo: ele é só uma possibilidade pura enquanto não encarnou em palavras. É pelas palavras que ele não apenas se exprime e se experimenta, mas também se realiza e se completa. O pensamento se busca através das palavras, e é um erro considerá-las uma moeda gasta na qual nunca reencontramos a riqueza ou a delicadeza dos nossos estados interiores, e que os trai sempre. Pois essas palavras que passaram por tantas mãos carregam os traços de todos os sentimentos que já serviram para traduzir: nunca esgotaremos todo o seu sentido. Às vezes elas nos fazem dizer mais do que pensamos; e há felicidades de expressão que levam nosso espírito além do que ele próprio havia encontrado, enchendo-o ao mesmo tempo de humildade e deslumbramento. Há motivos para desconfiar das palavras, que às vezes se tornam um corpo sem alma; mas é por culpa nossa e não delas; havia nelas uma vida que não soubemos reanimar.

O milagre do pensamento coincide com o da linguagem. E na linguagem discernimos a tríplice função do pensamento, que se cria ao se formular, que impõe um signo aos objetos do mundo e nos dá uma espécie de posse familiar deles, que rompe, enfim, a solidão da nossa consciência ao lançar entre nós e outrem uma ponte invisível, sempre rompida e sempre restabelecida.

Diálogo consigo mesmo, diálogo com as coisas, diálogo com os outros indivíduos: essa é a definição do pensamento ou da palavra? Não é o pensamento em ação que busca no corpo o mais leve apoio, o simples sopro da respiração, a fim de produzir um mundo novo que só tem sentido para ele e que ele não cessa de fazer e de desfazer? Que cobre o mundo real sem sujeitar-se a ele, que joga com os objetos da lembrança e do desejo e nos permite, ao mesmo tempo, assegurar, entre o real e nós, a mais móvel correspondência? Que obtém com os outros indivíduos comunicações quase imateriais em que cada um, sentindo o que possui e o que lhe falta, aumenta igualmente o que extrai do seu próprio âmago e de todas as sugestões que lhe são trazidas?

A palavra, dizem, é somente um signo da coisa. Mas só há signo para quem pensa a coisa e que, portanto, a espiritualiza de algum modo. E o próprio do signo é ser sempre um sinal, isto é, uma advertência pela qual a relação que temos primeiramente com as coisas se torna o meio de uma relação com as pessoas. A linguagem nos revela a verdadeira função do objeto no mundo: ela é a via de acesso que permite a todo espírito transpor seus próprios limites e formar uma sociedade com outros espíritos. Por que se diz que a ciência é uma língua benfeita, senão porque é um bem intelectual comum a todas as consciências, que ultrapassa sua própria subjetividade e sobre o qual elas conseguem chegar a um acordo? E, se a linguagem verdadeira só se realiza pelo diálogo, como não ver que o método mesmo da filosofia só pode ser a dialética, já que o laço que estabelecemos entre as coisas ou entre as ideias é o mesmo pelo qual os diferentes pensamentos conseguem se compreender e cooperar?

A linguagem é o pensamento tornado sensível. E é impossível escrever sobre a linguagem sem remontar às fontes onde ela nasce. É o que vemos ao considerar trabalhos de inspiração tão diferente quanto os de Henri Delacroix que, após ter escrito há alguns anos um estudo de conjunto sobre *Le Langage et La Pensée* [A Linguagem e o Pensamento], o completa e o renova hoje em um pequeno livro repleto de observações interessantes sobre *L'Enfant et le Langage* [A Criança e a Linguagem], ou os de Pius Servien, como estes *Principes d'Esthétique*

(Boivin) [Princípios de Estética] que acabam de ser publicados e nos quais ele procura distinguir duas formas diferentes de linguagem, a linguagem lírica e a linguagem científica, a fim de operar uma espécie de transcrição da primeira, que nos parece sempre tão misteriosa, segundo os procedimentos rigorosos que pertencem apenas à segunda.

* * *

Nada mais instrutivo do que estudar a criança quando ela começa a falar. Percebemos admiravelmente, nas tentativas informes da primeira linguagem, as relações de uma alma que começa a se abrir e de um corpo que é para ela, ao mesmo tempo, uma barreira e um instrumento, de um instinto pelo qual ela é arrastada e de uma vontade que já o dirige, de um esforço para dominar as coisas e para se comunicar com os outros seres. No início, o grito faz parte dos movimentos naturais da criança, como as diferentes agitações dos seus membros. Mas os gritos se tornam aos poucos significativos. Então a criança os repete por prazer, a fim de experimentar seu poder sobre si mesma e sobre os outros seres. Diverte-se em gritar para se ouvir gritar, para ocupar no mundo um lugar mais vasto, para atrair e reter a atenção das pessoas que a cercam. Tudo nela é espontaneidade, e ela se entrega com alegria a todas as tentativas pelas quais exerce a espantosa faculdade que possui de criar sons. Mas tudo nela é também docilidade, pois não cessa de nos escutar a fim de nos compreender e de nos imitar. Acontece mesmo de ela estar menos preocupada em responder às palavras que lhe dizem do que em fazer um esforço para reproduzi-las. É o encontro dessa espontaneidade e dessa docilidade que modela, aos poucos, sua linguagem, e talvez mesmo sua vida inteira.

A maior descoberta que o homem pode fazer, como vemos pelo exemplo de Helen Keller, a cega surda a quem o mundo se revela aos poucos, é que as coisas têm um nome. Somente então elas parecem adquirir uma afinidade conosco, com nossa alma e com nosso corpo. Tudo se torna para nós ideia, isto é, adquire um sentido para nosso espírito. E nosso corpo pode dispor da palavra quando não pode ainda dispor da coisa.

Assim, não é uma vã ilusão da criança acreditar, tão logo pode nomear a coisa, que a conhece. Pois o nome que a designa é sempre uma significação oculta ou possível; é, sobretudo, um poder que lhe é dado menos sobre a coisa mesma, como de início acreditamos, do que sobre todos os homens, dos quais ela estava inicialmente separada e com os quais começam relações que se multiplicarão indefinidamente.

De fato, esse é o centro do problema. A linguagem é primeiramente expressiva. Traduz a emoção junto com o pensamento. É uma expressão de si, portanto, mas que é criadora de si, e pela qual minha vida secreta se torna um objeto ao mesmo tempo para mim e para outrem. Pela linguagem tomo posse dos meus poderes, graças a um exercício desses poderes que nada são sem esse exercício. No entanto, eles só são experimentados no seu contato com as coisas, e é o nome que representa as coisas. Mas mesmo então o nome não é um signo puro; é o movimento pelo qual apreendo a coisa, pelo qual esposo seu contorno e me associo a seu impulso, pelo qual procuro reproduzir o abalo que ela produz em mim: ele é ressonância antes de ser som. Ao nomear os objetos que enchem o mundo, é a mim mesmo que busco e que exprimo, nas relações complexas e variáveis que mantenho com tudo o que existe e que forma a trama do meu emocionante destino. Mas, ao mesmo tempo, chamo também todos os outros seres em testemunho, como se eu não pudesse me sustentar na existência senão com o assentimento deles, como se eu tivesse necessidade deles para confirmar e experimentar o que sou, como se minha própria vida só chegasse a se realizar por essa comunhão com todos, na qual cada um desempenha em relação aos outros o papel de mediador espiritual.

Contudo, esses nomes dados às coisas, que de início eram apenas instrumentos pelos quais o pensamento, ao se exprimir, conseguia vencer seu próprio mistério e despertar os indivíduos para o sentimento do parentesco e da solidariedade de sua vocação, esses nomes logo irão reter exclusivamente o olhar da nossa atenção. Pois as coisas têm fronteiras que é fácil circunscrever, e elas formam naturalmente um sistema que parece independente dos nossos estados de alma. Produz-se então na linguagem uma curiosa inversão: ela não é mais que um meio de informação pelo qual aprendo a reconhecer a presença das coisas e suas características. Enquanto antes nada nos interessava senão a fonte íntima e inesgotável de um pensamento e de uma emoção sempre renascentes, fonte que animava as coisas mesmas e, por intermédio delas, conseguia encontrar um novo curso na consciência de outrem, essas coisas adquirem agora uma espécie de independência e de suficiência. É a elas que o pensamento e a linguagem se subordinam. O que era instrumento passa a ser meta: a infinidade do pensamento vivo, que se buscava mais sugerir do que traduzir, limita-se a fim de que se possa encerrá-la em um quadro e defini-la: a concordância sempre buscada e esperada com os outros seres, mas que permanecia sempre em suspenso por ser muito complexa e muito fina para ser obtida, é submetida a regras precisas: agora não é mais que o meio pelo qual verificamos que o nome corresponde de fato à coisa. Tal é precisamente a raiz da oposição entre a linguagem lírica e a linguagem científica que Pius Servien evidencia com muita força e engenhosidade.

***

Pius Servien, cujas curiosas pesquisas foram acolhidas com simpatia por Henri Brémond, considera que a matemática e a poesia representam os dois polos opostos da linguagem. Em cada um deles haveria um esforço análogo de purificação: a seu ver, a beleza mais intensa que as palavras permitem se encontra apenas aí. Ele é muito severo com a linguagem intermediária, que busca introduzir na matéria científica uma literatura suspcita, embora os cientistas nem sempre a evitem. Inversamente, não perdoa os que pretendem utilizar a linguagem das ciências lá onde esta não pode ter aplicação alguma, como quando se trata do pensamento metafísico e moral. O *more geometrico*[1] da *Ética* é, para ele, um engodo: Espinoza toma da geometria apenas uma vestimenta, e seu fracasso mostra que há duas linguagens e não uma, e que não se substitui impunemente uma pela outra.

---

[1] *More geometrico*: expressão latina que significa "à maneira geométrica". (N. T.)

Quais são as características da linguagem das ciências? A mais simples é aquela indicada por Pascal em uma fórmula célebre: "O nome imposto fica desprovido de qualquer outro sentido, se o tiver, para ter apenas o que lhe é destinado unicamente". Daí as definições e as convenções encontradas no início de todas as ciências e pelas quais se busca primeiro um entendimento sobre o objeto de que se fala. Pois o sentido de uma palavra deve sempre ser único, o que se pode verificar reportando-se à sua definição. Com isso os homens podem obter, no que se refere a ele, uma concordância que exclui toda ambiguidade. Assim, a língua científica, tomada em sua pureza, é a única capaz de ser universal, como vemos na notação algébrica ou química, nas cartas geográficas ou nos sinais marítimos. Mas se o próprio dessa linguagem é exigir sempre uma unidade de sentido, deve-se observar, em contrapartida, que esse sentido único pode receber uma multiplicidade de expressões equivalentes: sempre é possível, por exemplo, substituir o termo definido pelo conteúdo da sua definição, conceber várias definições que designam o mesmo objeto, traduzir um enunciado em diferentes línguas sem alterá-lo de alguma maneira. É que as palavras evocam o sentido sem coincidir com ele: a sonoridade e o ritmo delas não desempenham aqui papel algum. A linguagem científica, portanto, é como um filtro que deixa passar só uma parte da linguagem total: ela exclui tudo o que nesta há de subjetivo; assim, não dá lugar algum ao imperativo, ao optativo ou ao vocativo. Mesmo admitindo que não se reduz à linguagem dos números, ela tende a isso.

A linguagem lírica é exatamente o oposto. Ela é mesmo, segundo Pius Servien, "transcendente" à linguagem científica, pois o que busca representar é uma realidade espiritual que está além de todas as formas definidas. Portanto, há nela necessariamente uma pluralidade de sentidos, não apenas para quem fala e para quem escuta, mas para ambos; e essa pluralidade não é o signo de uma confusão que nos obrigaria a optar, mas de uma plenitude que só pode ser abarcada por graus. Ora, por um estranho paradoxo, agora que o sentido é múltiplo, ocorre que a expressão, ao inverso do que se observa na linguagem científica, é única e indelével: ela é inseparável de um ritmo que sustenta esses sentidos diferentes, que os reúne em uma espécie de equilíbrio perfeito e frágil, de tal maneira que, se o menor deles for alterado, todos desmoronam ao mesmo tempo. Na linguagem lírica há sempre um infinito presente, não um infinito analisável em elementos separados como o da aritmética, mas um infinito qualitativo que não se deixa padronizar. O que ela busca exprimir são todos os matizes, todos os movimentos da vida interior que a linguagem científica visa precisamente eliminar, e que introduzem nas coisas a presença mesma da consciência que as percebe. Assim, um texto lírico é sempre absolutamente intraduzível em outra língua: a tradução de um poema é um belo sonho que supõe uma transposição, isto é, uma invenção nova, mas que sempre fracassa e nunca cessa de ser recomeçada.

Diz Pius Servien:

O mais admirável helenista que passou a vida a estudar o passado nunca terá, das linhas escritas por um escritor de então, a compreensão que pode ter de Euclides um geômetra dos nossos dias, por meio de um medíocre dicionário ou lançando o olhar a uma tradução qualquer.

É que as nações têm a mesma ciência, mas não a mesma alma.

Essa oposição aparece com extrema clareza se considerarmos alguns exemplos. A palavra *agradar* não exprime um objeto que se possa definir, como a palavra *cubo*. "A noção expressa pela primeira é tão profunda quanto um homem, quanto uma raça. Dois homens podem se entender por meio dessa palavra, e não se entender", enquanto a palavra *cubo* tem o mesmo sentido para todos. Define-se exatamente uma esfera dizendo: "É uma figura da qual toda seção é um círculo"; mas ninguém tomará como unívoca a definição que Leibniz propõe do amor: "Amar é encontrar prazer na felicidade de outrem". As palavras *leste* e *oriente* podem ser usadas indiferentemente pelo cientista, mas não pelo poeta, como podemos notar neste verso:

Dans l'Orient désert quel devint mon ennui![2]

---

[2] "No Oriente deserto que agora é o meu tédio", trecho de *Bérénice*, de Jean Racine. (N. T.)

Do mesmo modo, "o mar é para o cientista uma camada fluida cobrindo superficialmente o globo e inflada periodicamente pela atração newtoniana"; mas, quando falo do mar a um amigo, "mesmo quando viajantes recordam histórias junto à lareira", lembranças moventes atravessam sempre os relatos, os mares nunca serão os mesmos, meu amigo nunca verá o mesmo mar que eu.

Ora, Pius Servien é o autor de uma tentativa bastante original destinada a mostrar, reservando a cada uma das formas da linguagem seu caráter irredutível, que a linguagem lírica é, ela própria, objeto de ciência, que essa ciência é a ciência dos ritmos e que todos os ritmos são suscetíveis de uma representação numérica que se pode fazer corresponder à diversidade das formas poéticas e, de maneira mais geral, à diversidade das formas que nos agradam.[3] Ele deu a esse método aplicações diferentes: primeiro à música, depois à língua francesa, na qual mostra que a distinção clássica entre verso e prosa é menos profunda do que se imagina, e, enfim, à métrica dórica. Fez um uso engenhoso do princípio de Pierre Curie segundo o qual "a dissimetria é a condição do fenômeno, e a simetria, a de sua cessação", para mostrar que a arte é sempre um desequilíbrio que se apazigua. E compreende-se que Paul Valéry tenha podido lhe dizer: "Você realizou a tentativa mais interessante e mais ousada já feita, que eu saiba, para capturar a Hidra poética". Mas a Hidra permanece a Hidra, como vemos na sutil *Introduction à une Manière d'Être* [Introdução a uma Maneira de Ser] na qual desejaríamos às vezes, da parte de Servien, um estilo mais sóbrio e mais despojado, mas onde reencontramos várias fórmulas nas quais certamente Valéry se reconheceria: "Compreender é ir aonde se quer sem se perder. Canto um hino à lucidez. O mundo é esplêndido, mas ele desaba se um pensamento não o sustenta".

5 de maio de 1935.

---

[3] Cf. *Les Rythmes comme Introduction Physique à l'Esthétique* [Os Ritmos como Introdução Física à Estética].

16. FILOSOFIA E POESIA

Em *Variété III* [Variedade III], nas diferentes *Pièces sur l'Art* [Peças sobre a Arte], no prefácio da *Anthologie des Poètes de la "Nouvelle Revue Française"* [Antologia dos Poetas da "Nova Revista Francesa"], Paul Valéry retoma, sob as formas mais diversas e com uma acuidade e uma lucidez implacáveis, o exame da atividade criadora, de suas relações com a consciência que a ilumina e com a obra que ela produz: ele não cessa, assim, de nos convidar a uma meditação sobre as conexões da arte, da poesia e da filosofia, que deve nos permitir captar, em seus movimentos mais desinteressados, a essência mesma do espírito e, por assim dizer, seu exercício puro.

Há entre a filosofia e a poesia uma afinidade secreta e uma secreta hostilidade. É o que se percebe pelo exemplo do próprio Paul Valéry, que é atraído pela filosofia sem poupar flechas contra ela, que busca obter a consciência mais distinta de si mesmo mas está sempre atento em pensar e em governar sua própria criação, e que se estende em medir, com a exatidão mais severa, a distância que separa a ideia da coisa e a vontade do poder, o que é talvez o objeto essencial de toda reflexão filosófica; mas que vê a filosofia como um jogo decepcionante, no qual se promete mais do que se cumpre, no qual se ignoram as exigências tão rigorosas e os artifícios tão precisos que permitem ao cientista levar o pensamento ao encontro do real, e ao poeta fazer coincidir uma pura delícia do ouvido com uma delícia do espírito.

Mas os inimigos da filosofia se acham em uma posição favorável, pois a filosofia nunca pode produzir a mesma satisfação intelectual que a ciência, nem a mesma satisfação sensível que a poesia: essa é, inclusive, uma censura que lhe fazem, mas que mostra que ela perderia seu verdadeiro objeto se viesse a se confundir com uma ou com a outra. No entanto, sabemos bem que não há, para ser humano algum, problema mais emocionante que o problema do seu destino no mundo, o que é propriamente o problema filosófico: parece mesmo que a ciência e a poesia só retêm e só cativam nosso interesse na medida em que nos abrem uma nova perspectiva sobre esse problema.

A arte e a poesia, que costumam ser aproximadas, são primeiramente dois opostos cuja oposição deve se converter em uma harmonia em que não mais as distinguimos. O próprio da arte é evocar meios e até mesmo, no sentido estrito, *procedimentos* dos quais a vontade sempre dispõe, pelos quais ela domina a matéria, conseguindo que esta se curve a seus propósitos e receba a figura que lhe foi prescrita; ao passo que a poesia se assemelha sempre a uma graça que ultrapassa o querer e que foge tão logo este queira pegá-la. É pela mesma razão que, ali onde a arte aparece, o homem goza da sua atividade própria, da ordem que ele mesmo introduz nas coisas, da subordinação do seu pensamento a uma realidade que havia pouco lhe resistia e que agora parece servi-lo. Na arte nada ultrapassa o homem, que se torna o mestre do seu objeto e o criador da sua própria emoção. Mas pode acontecer o mesmo com a poesia? A poesia começa no momento em que se produz a primeira derrota do querer, em que a relação entre o que nos havíamos proposto e o que nos é dado muda de sinal, em que nos é trazido mais do que esperávamos ou até mais do que aquilo com o que contávamos, em que o olhar, em vez de pousar no objeto e dele se apoderar, parece atravessá-lo a fim de penetrar em um mundo invisível pelo qual se deixa *raptar*.

A alegria que a arte nos dá é vencer; e a alegria que a poesia nos dá é ser vencido.

No entanto, essa oposição não é decisiva. Ela exprime entre a arte e a poesia um parentesco mais sutil e mais misterioso. A linguagem não erra ao fazer do poeta um criador, nem ao colocar a poesia entre as artes: talvez ela seja mesmo a arte maior. Em contrapartida, embora a palavra *arte* designe sempre uma atividade consciente e preocupada com os meios que emprega e o objetivo visado, é uma ausência que ela acaba por mostrar: o ápice da arte é fazer-se esquecer. É no ponto mesmo em que a arte expira que a poesia aparece, e certamente não há uma única emoção estética que não envolva alguma poesia.

Sendo assim, estamos aqui diante de um problema que diz respeito não apenas à atividade artística, mas à atividade humana inteira. Pois nada podemos empreender senão por nossa vontade: e esta sempre busca, através de múltiplos esforços e por uma série de retoques, produzir uma obra que traga em si o traço de todos os movimentos que efetuamos, mas que os ultrapassa infinitamente, que substitui o labor da execução pela facilidade da posse, e que se assemelha agora a uma dádiva que acabamos de receber. Ora, se nada é dado senão a quem o mereceu, o que lhe é dado nunca corresponde exatamente ao seu mérito. Às vezes muito esforço é feito para pouco resultado, outras vezes o sucesso vai além de tudo o que havíamos previsto e preparado, de tal modo que o atribuímos a um acaso ou a uma ajuda sobrenatural. Ninguém pode pôr em dúvida que todo o mistério da vida reside precisamente na proporção que se estabelece entre o que fazemos e o que recebemos, entre o fim que buscamos atingir com todos os recursos da nossa consciência, com toda a contenção da nossa vontade, e o fim que obtemos: mas este depende tanto das coisas quanto de nós, tanto da nossa felicidade quanto do nosso esforço; e cada um dos nossos passos, por mais preciso que seja, assemelha-se a uma solicitação que fazemos ao real, que nem sempre responde e nunca o faz da maneira como queríamos. Não podemos deixar de pensar, porém, que existe uma sutil correspondência entre todas essas tentativas sempre retomadas e que põem em jogo nossas faculdades mais nobres, e o sucesso que as recompensa; descobrir o segredo dessa correspondência seria preencher o intervalo entre o mundo tal como o queremos e o mundo tal como nos é dado; seria atravessar o enigma da nossa vida e colocar em nossas mãos o governo do nosso destino.

A arte do poeta consiste em despertar na sua consciência um mundo de possibilidades até o momento em que, entre elas, reconhece e apreende aquela que, tomando corpo, será capaz de comovê-lo. O prelúdio da criação consiste nessa evocação de possíveis que é primeiramente confusa e indeterminada, como o é toda matéria antes que o espírito a tenha submetido à sua lei: tudo lhe convém, os encontros fortuitos da atenção, o jogo oscilante das imagens, ou então as tentativas de combinações que o pensamento não cessa de fazer e de desfazer quando busca antecipar, nelas, o julgamento que lhes cabe, julgamento que, na maioria das vezes, as rejeita antes de elas terem se formado. Em realidade, lidamos aqui com as relações mais complexas entre a atividade e a passividade da consciência: como todos os homens, o poeta busca regular sua atividade de modo que produza certos efeitos sobre sua sensibilidade, isto é, sobre sua passividade; sua ambição, como a de todos os homens, é aproximá-los até fundi-los.

Mas o espírito é inteiramente atividade: e é nas ciências exatas que essa atividade se exerce com mais liberdade; pelo simples movimento do ponto no espaço, pela simples composição da unidade consigo mesma, ele engendra objetos perfeitos e cuja necessidade coincide com a operação mesma que os construiu. Esses objetos ainda não são os que vemos, embora sejam de certo modo a armação deles e o meio pelo qual podemos dominá-los. Teriam as emoções da alma outra natureza, e a inteligência seria sem recursos no que se refere a elas? Ou a reflexão sobre a poesia nos levaria a descobrir, de certo modo, a matemática da sensibilidade?

Quando a emoção invade a consciência, esta recebe tamanho abalo que imagina ter abandonado a abstração, passando de repente a usufruir a presença mesma do real. Mas o que é esse real que agora ocupa todo lugar nela, ao qual ela se submete e do qual não se pode dizer que o possui, nem que dispõe dele? Valéry tem razão em não deixar que ocorra um divórcio entre a capacidade de pensar e a de ser afetado. Ele vê admiravelmente que a unidade da consciência não pode ser rompida, que nada lhe pode ser dado sem que ela seja obrigada também a dar-se a si mesma, por um ato cuja iniciativa não cessa de lhe pertencer. Não há emoção na qual não possamos reconhecer uma ordem que a explica, que já a domina e nos situa acima dela. Compreende-se assim que essa ordem mesma põe em nossas mãos um meio de reproduzi-la e, portanto, de escolher entre diferentes emoções possíveis e de governar, por assim dizer, sua continuidade.

Tal é precisamente o papel da arte. Ela é uma atividade intelectual e voluntária que, embora se sirva do acaso, nunca se entrega a ele. Ela não cessa de tentar combinações, das quais retira um novo prazer: mas, em todas aquelas que encontra no seu caminho e que parecem se oferecer a ela, precisa introduzir as exigências do seu próprio jogo, antes de adotá-las e de reconhecê-las como suas. E nunca lhes dá um consentimento que não tenha deliberado. A arte é a operação de uma razão que se identifica com o homem mesmo; se abdicar, se deixar de julgar e de decidir, somos arrancados de nós mesmos e nos tornamos a presa de todos os impulsos, de todas as desordens e de todos os delírios. Somente maldizem a razão os que nunca tiveram coragem de colocá-la em prática.

Mas a emoção que o artista quer produzir não é um eco fiel do ato que a procura e a chama. No momento em que o ato se completa em um objeto que existe agora para ser contemplado e nos emocionar, não apreendemos nesse objeto apenas o ato que o criou, reduzido a uma forma perfeita e, por assim dizer, imobilizada. Certamente um espírito livre e mestre de si sempre sente alguma vergonha em se deixar surpreender por uma emoção que ele mesmo não previu e até certo ponto preparou e dirigiu: no entanto, não há criador consciente, preocupado em dominar seus movimentos interiores em vez de sofrê-los, que não conheça uma espécie de tremor no momento da conversão dessa possibilidade que trazia em si, e cuja existência mínima dependia dele, em uma realidade que subsiste agora diante dele e que todos são capazes de perceber: diante dessa criação, não obstante sua, ele mesmo sente algo como uma revelação. É a distância entre o que ele quis e o que ele fez que justifica ainda hoje o termo *inspiração*. Ora, essa análise nos mostra bastante claramente que a atividade que exercemos, por mais refletida que seja, não possui de antemão o que ela busca. Ela utiliza todos os recursos da técnica, mas a técnica não lhe basta: produziria apenas obras abstratas capazes de se repetir indefinidamente como as operações da aritmética, como os produtos das nossas máquinas e como as próprias máquinas. A atividade do espírito ultrapassa os conceitos: penetra no segredo do real e busca com ele uma espécie de cumplicidade; postula entre o real e ela uma aliança misteriosa; certamente ela começa por querer dominá-lo e reduzi-lo à sua lei, mas isso não a contenta, embora seja essa a fase na qual o cientista aceita permanecer. A atividade do espírito só experimenta uma verdadeira satisfação se o real lhe responde e se ela entende a resposta. Então o prazer que sente é, de fato, o prazer que ela se deu por seu puro exercício, mas que vai além desse exercício: é um prazer que fizemos tudo para merecer, mas que devemos pedir que nos seja concedido. É por isso que ele se apresenta sob uma forma sensível, com uma sutileza e uma complexidade que o fazem refratário a toda análise; e é por isso que quem é capaz de usufruí-lo é incapaz de fazê-lo nascer. É o ponto de coincidência entre a sensibilidade e a vontade, isto é, entre nossa passividade e nossa atividade, que constitui a essência mesma do prazer poético.

Não se poderia desconhecer que o poeta consegue, assim, realizar e nos fazer sentir aquele encontro entre o infinito e o finito, entre o universo e nós, que é o objeto da reflexão filosófica. A filosofia procura apenas explicar esse encontro, e por isso ela se assemelha mais à ciência ou à crítica, pelo menos no método que emprega e que é sempre laborioso como uma discussão prosódica; mas ela não pode obter êxito algum sem produzir em nossa alma uma emoção poética. E conseguiria isso melhor ainda se os filósofos não acreditassem muitas vezes ter dito tudo quando desmembraram a atividade e reduziram suas operações a uma espécie de jogo esquemático; mas, no momento em que essas operações conseguem nos dar a presença mesma do real, a análise cessa e a sugestão começa. Assim, nos maiores filósofos como Platão, Malebranche, Schelling, Bergson, observamos a busca do mais exato rigor dialético e, ao mesmo tempo, a criação de uma atmosfera espiritual na qual esse rigor é ultrapassado e fundido: nesse momento, cada consciência acredita perceber o eco pessoal de uma presença indefinível que ela jamais esgota.

Mas se os filósofos, alguém dirá, pensam que a ciência não basta e não querem que a filosofia se reduza a ela, então que a abandonem e sejam poetas. Que a filosofia deixe assim de ser uma esfinge de duas faces, uma voltada para o conhecimento positivo, a outra para a embriaguez controlada da criação poética, ambas condenadas muitas vezes a se ignorar e a se rechaçar mutuamente, só podendo se juntar em um corpo monstruoso. Mas os filósofos obedecem, como os cientistas e como os poetas, a uma vocação de irresistível necessidade: eles extraem da sua meditação uma alegria que muitos homens acham ilusória e estéril, mas que, para eles, é insubstituível; também eles são vítimas de um "feitiço" que encanta o universo, assim como encanta eles próprios. Também eles, como os poetas, podem ser lançados pelo vulgo na indiferença e no desprezo; mas eles perseguem o mesmo objeto, isto é, o exercício desinteressado da atividade do espírito, às vezes considerado um simples jogo, mas que constitui, talvez, a finalidade essencial da nossa vida, para a qual a satisfação das nossas necessidades elementares serve apenas de suporte.

Paul Valéry percebe bem que é a um empreendimento filosófico que ele se entrega quando reflete sobre as condições da obra poética, quando busca aumentar a consciência distinta que temos de nossas próprias operações e de sua concordância misteriosa com o prazer que elas nos oferecem. Mas essa ambição, e ele nos perdoará por pensarmos assim, o filósofo a estende a todos os domínios, pois todos os problemas filosóficos podem ser reduzidos à teoria do conhecimento e à teoria da ação. Ora, o que é o conhecimento senão a concordância do conceito, isto é, de um ato efetuado pelo entendimento, com um dado sensível que ele busca conter, mas que o ultrapassa sempre? O que é a ação, se a consideramos no princípio que a justifica e que é, não o sucesso, mas o valor, senão uma intenção que se realiza? E os problemas que ela coloca não residem, todos, na relação que se estabelece entre essa intenção e a mudança que ela introduz ao mesmo tempo em nós e no mundo, isto é, entre o que queríamos e o que obtemos? O mérito de Valéry é fazer-nos atentos – por uma reflexão voltada, como a do crítico, não para a obra já feita, mas para a obra em via de se fazer, e apoiado no seu próprio exemplo, que é admirável – a esse drama constante da existência, no qual a vontade lúcida se arrisca sempre a novas tentativas para produzir efeitos que seguidamente a decepcionam e às vezes conseguem satisfazê-la. O eu está inteiramente nesse intervalo entre o propósito e o acontecimento que suscita todas as nossas capacidades, que é acompanhado sempre de ansiedade e que, quando preenchido, produz em nós a alegria de um deslumbramento. Como se abre esse intervalo? Como conseguimos fechá-lo? Nunca cessamos de formular esses problemas. Paul Valéry se contenta em pensar que esse é o milagre do espírito, que se apodera do acaso e o disciplina: mas há certo desespero nessa opinião, que a ousadia da filosofia busca precisamente superar. Mas para isso é preciso admitir que há entre o espírito e o real um parentesco secreto, e que a discordância que os separa só está aí para fazer que o espírito reencontre uma ordem oculta, acessível a quem for capaz de colaborar com ela, isto é, ao preço de uma vitória obtida a cada instante sobre o caos do imediato.

26 de julho de 1936.

TERCEIRA PARTE

17. A ATUALIDADE DA METAFÍSICA

Cada um de nós tem o sentimento muito vivo de que é impossível distinguir entre a filosofia e a metafísica. Apenas consentimos em reconhecer que a palavra *filosofia* tem um sentido mais amplo, que sugere certa maneira de considerar o universo, uma *Weltanschauung*, como dizem os alemães, que tem por efeito certa maneira de viver, enquanto o sentido da palavra *metafísica* é mais restrito, e designa um saber teórico, o conhecimento do ser absoluto e da sua relação com o mundo que temos sob os olhos. Daí a desconfiança e mesmo a hostilidade com que a metafísica sempre foi vista: pois, como a etimologia parece confirmar, se a realidade metafísica reside além daquela que nos é dada, como não temer que o espírito não disponha de meio algum para percebê-la? Que o que ela toma para si sejam as construções temerárias da sua atividade solitária, frutos estéreis da imaginação ou da abstração? E que, no momento em que acredita tocar o absoluto, ela tenha ainda de lidar consigo mesma e com as ilusões do seu próprio jogo? É como a aranha, alguém diria, que produz a teia a partir da sua substância; tão sutil e tão frágil como ela.

No entanto, a reflexão metafísica exprime a ambição mais profunda da consciência humana, à qual esta não poderia renunciar sem renunciar a si mesma: assim, vemos que nenhum fracasso a desencoraja. Pois somente ela pode dar um alimento ao nosso pensamento e uma significação à nossa vida. Mesmo quem acredita não haver outro mundo senão este que vê e que toca, faz desse mundo um absoluto: e sua metafísica é o materialismo. Quem pensa que as aparências não podem contentá-lo e escondem um mistério espiritual que sua inteligência é incapaz de descobrir, confia-se à religião, guardiã desse mistério. Mas nenhuma religião pode prescindir de uma teologia. E o que é a teologia senão a própria metafísica, na medida em que interpreta o dogma e explicita a revelação? É que homem nenhum pode evitar a referência ao absoluto, sem o qual seu conhecimento seria apenas uma fantasmagoria, e sua conduta, apenas uma gesticulação. Assim, pedimos que a fé nos dê essa referência, se a razão não for capaz. O pensamento do absoluto coincide com a seriedade mesma da vida, de uma vida em que cada um dos momentos compromete nosso destino ao encaminhá-lo para a morte que o encerra, mas que o cumpre. E a própria vida só tem sentido com a condição de podermos dedicá-la a uma finalidade que a ultrapassa e para a qual aceitamos sempre sacrificá-la.

Assim, pode-se dizer que o interesse ou a indiferença que sentimos pela metafísica não mede apenas o nível do pensamento filosófico em determinada época, mas também o valor concedido à existência, a profundidade do olhar que a julga, a coragem que assume a responsabilidade por ela. Os períodos de cansaço e de desilusão correspondem sempre, tanto na história da humanidade quanto na do indivíduo, a períodos de ceticismo e, se tomarmos a palavra em um sentido mais amplo, a períodos de relativismo. Ao contrário, não há renascimento espiritual que não seja também um renascimento metafísico ou religioso no qual a humanidade retoma a confiança nas suas próprias forças, enraizando-as no absoluto, em vez de separar-se delas e se entregar a si mesma, na consciência do seu isolamento e da sua miséria. Que erro pensar que esse contato permanente do homem com o absoluto possa afastá-lo do mundo no qual é chamado a viver e fazê-lo negligenciar sua tarefa cotidiana! Somente ele, ao contrário, pode produzir esse verdadeiro "positivismo" que, longe de considerar que o real é formado de aparências que não cessam de surgir e de desaparecer, dá a cada uma delas um relevo e uma espessura, obrigando-nos a reconhecer em toda coisa, mesmo a mais frágil, a expressão do seu lugar em uma ordem espiritual que nos cabe zelar, escutando em toda ação, mesmo na mais humilde, a repercussão que ela produz no fundo de nós mesmos e que marca, se podemos dizer, o peso que ela possui na eternidade.

Já antes da guerra[1] sabíamos que a metafísica era, para as jovens gerações, um objeto de supremo interesse e que todas as outras pesquisas eram classificadas apenas segundo a maneira como podiam alimentar esse interesse ou satisfazê-lo. As gerações precedentes, educadas em outros métodos e para as quais, devemos dizer, a probidade do espírito era nunca ultrapassar o fato tal como nos é dado, viam essa mudança com uma espécie de surpresa, à qual se misturavam também curiosidade e talvez o lamento de não mais poder participar dela. Mas os sinais desse renascimento não cessavam de se multiplicar; a vergonha que pesava outrora sobre a menor incursão nesse domínio interdito era aos poucos substituída por uma espécie de gosto pela aventura, com o risco de se transformar em uma nova moda, se não fosse percebido como um retorno do pensamento não apenas à sua tradição mais clássica, mas a fontes interiores de inspiração que nunca secaram.

Uma confirmação disso, se necessária, pode ser encontrada em um livro bastante singular de Masson-Oursel intitulado *Le Fait Métaphysique* [O Fato Metafísico], que assinala claramente a conversão que vemos se operar, em um grande número de espíritos, do empirismo à metafísica. A própria palavra *fato* marca a junção das duas épocas. Pois, se a metafísica pretende ir além de todos os fatos, ela mesma é um fato que o empirismo deve explicar. E ela o é duplamente, como o mostram tanto o testemunho da história do pensamento humano, que, sob seu duplo aspecto filosófico e religioso, pode ser definida como uma busca do absoluto, quanto o

---
[1] Lavelle refere-se à Primeira Guerra Mundial (1914-1918). (N. T.)

testemunho constante de cada consciência, que não apenas se volta para ele com todo o seu impulso, às vezes o confundindo com todo objeto privilegiado da sua afeição, mas também o supõe quando fala do relativo, seja porque esse relativo chame o absoluto para sustentá-lo, seja porque ocupe seu lugar ao pretender se bastar. É significativo que Masson-Oursel, que estudou particularmente as filosofias orientais, consiga reencontrar no pensamento da Índia e da China os traços fundamentais da exigência metafísica que observamos na alma contemporânea: o que mostra claramente que o fato metafísico não é apenas um fato histórico, relacionado às vicissitudes da civilização, mas está dentro do homem mesmo, no fato da sua existência, tão logo a consciência se interroga sobre seu sentido e sobre seu alcance.

Admite-se geralmente que o próprio da metafísica é, na sua busca pelo absoluto, obrigar-nos a buscar o que está por trás do que aparece. Essa é já a função da reflexão, por oposição à dos sentidos: os sentidos se limitam a nos apresentar a aparência das coisas, enquanto a reflexão se aplica a essa aparência e se pergunta se ela não é ilusória. Talvez se possa até dizer que o pensamento começa no momento em que inventamos a palavra *aparência*, suspeitando que o que se mostra não é idêntico ao que é. Toda metafísica – mesmo a monista, que não é senão um dualismo afirmado e depois superado – introduz no mundo esse dualismo, sem o qual ela desaba. Mas aqui se distinguem dois termos apenas para declarar que seu valor é desigual: dizer de uma coisa que ela é uma aparência ou que é somente uma aparência significa menos lançá-la no não ser – pois é preciso que ela exista de algum modo, ao menos como aparência – do que desqualificá-la ou retirar-lhe o valor. O *ser*, ao contrário, pelo menos quando oposto ao *aparecer*, possui para nós uma plenitude que mostra claramente que nada se pode querer além, isto é, ele preenche todas as aspirações da consciência. Portanto, é o valor que o caracteriza e que permite reconhecê-lo. Assim, vemos que a palavra *ser* é sempre empregada em sentido laudativo, e por isso há uma concordância notável entre os teólogos e metafísicos de uma inspiração completamente oposta, como Espinoza, em afirmar que somente Deus merece o nome de ser. Com isso a metafísica deixa de se inclinar, como se acredita muitas vezes, a um idealismo cujos perigos se medem quando pensamos que, opondo ao real um ideal do qual buscamos sempre nos aproximar sem nunca alcançá-lo, ele corre o risco tanto de rebaixar o real, tomando-o como indiferente ou hostil ao valor, quanto de desconsiderar o ideal, tomando-o como objetivo quimérico de todos os nossos esforços. A metafísica se orienta sempre a um *realismo espiritualista* que, identificando o espírito com o valor supremo, faz dele o núcleo mesmo do real, do qual é preciso nunca se afastar pelas fraquezas do pensamento e da vontade.

A metafísica não nos ensina apenas que a coisa que vemos e tocamos é uma aparência para o olhar: ela nos ensina também que o ser verdadeiro é interior a si mesmo e capaz de se bastar: ele existe em si antes de existir para um outro. Assim, meu ser próprio é uma atividade que exerço e da qual se pode dizer que é um absoluto, porque ela mesma não é a aparência de nada. Ali eu sou e ajo com uma ação pessoal e que me compromete, ao contrário do corpo que mostro e que é minha aparência para os outros e para mim. Esse ato que realizo funda minha existência, eu não poderia ter outra. E, se todo ato que vem de mim se realiza no tempo, o papel do tempo não é permitir-me assistir a meu próprio devir, mas permitir-me fazê-lo. "Ser é fazer-se ser." Por outro lado, sei perfeitamente que minha atividade não é soberana e onipotente: apenas participo dela; ela me ultrapassa, mas disponho dela; eu a recebo, mas a fim de colocá-la em prática. Tenho apenas o uso dela. Assim como meu corpo não é senão uma parte do imenso universo, em correlação com todas as outras partes que o sustentam e lhe dão vida, mas que lhe reservam a iniciativa de seus movimentos próprios, assim também a menor operação que faço, e que depende apenas da minha liberdade, capta e divide essa imensa operação pela qual o mundo se faz e da qual eu mesmo sou, de certa maneira, o veículo e o instrumento. O objeto nunca nos introduz senão no mundo da relatividade e do fenômeno; o ato nos introduz no mundo do absoluto ou do ser.

Compreende-se agora facilmente de que modo a metafísica poderá se desenvolver: em primeiro lugar, há uma metafísica que é, por oposição à experiência do objeto dado, a experiência da nossa atividade em via de se exercer, e, se podemos dizer, uma experiência de consciência por oposição a toda experiência de conhecimento. Assim, parece que todas as objeções que se pode dirigir contra a metafísica se reduzem a esta, como vemos tanto no positivismo quanto no kantismo: que tal experiência é impossível, porque não há outra experiência senão a de um objeto. Contudo, certamente é essa a experiência que temos a cada instante da vida, a partir do momento em que ela atinge certo grau de lucidez e de profundidade. Por outro lado, pode-se observar que, nessa consciência que temos de nós mesmos, nossa atividade nunca subsiste isoladamente. Ela está sempre em relação com uma fonte infinita que a alimenta, que lhe é sempre presente e que não cessa de regenerá-la. Embora o amor-próprio busque sempre, nesse ponto, nos iludir, não depende de nós nem a força espiritual que nos anima, ainda que possamos ser rebeldes a ela, nem a luz que nos ilumina, ainda que possamos sentir prazer em cegarmo-nos. Com isso, o próprio da metafísica será estudar as relações interiores da nossa alma com a totalidade da atividade espiritual, assim como o próprio da ciência é estudar as relações exteriores do nosso corpo e da totalidade do mundo material.

Será possível compreender então a inesgotável variedade de seres e de coisas que formam para nós o milagre da criação. A ciência pode atingir apenas os corpos dos outros seres. Mas é por um ato de fé comparável à fé em Deus que, por trás de outro corpo, vejo e afirmo a existência de um eu invisível comparável ao meu próprio eu e com o qual mantenho relações espirituais, completamente diferentes das que tenho com as coisas. Para isso é preciso que cada ser que pode dizer "eu" participe, como eu, de uma vida que nos ultrapassa, mas que nos é comum, que não cessa de nos ser oferecida, que só se torna nossa pelo efeito de nossos méritos e graças à mútua mediação que nos faz solidários uns dos outros.

Do mesmo modo, a ciência só retém, nas coisas, a aparência que elas nos mostram e não sua significação, que é permitir que elas se tornem testemunhas e marquem os limites da nossa atividade, que sejam seus instrumentos e seus efeitos, sem esquecer que é por elas que as consciências estão separadas, e que por elas também se comunicam.

O próprio da metafísica, portanto, é reencontrar o sentido interior do universo e da vida. Ela dá a cada uma de nossas atividades sua gravidade e seu valor. Sem ela "tudo é vaidade", nada havendo no mundo que mereça ser conhecido, preferido, amado e desejado. Ficamos na superfície das coisas. Mas essa superfície não é a superfície de nada. A metafísica é a profundidade do real novamente descoberta e na qual comprometemos nosso pensamento, nossa vontade e nossa vida inteira. Certamente a metafísica é uma investigação teórica, e mesmo dialética, na qual nos cabe mostrar os diferentes meios pelos quais os seres particulares fundam sua existência separada e, no entanto, a ultrapassam, só parecendo se desligar do absoluto para nele se inscreverem por um ato que ninguém pode realizar no lugar deles. Não dissimularemos que essa busca é severa, sua dificuldade é a das coisas belas que só começam a nos comover quando parecem iluminar, de repente, o problema do nosso destino. Ora, a questão aqui é realmente a do nosso destino, na medida em que depende de nós não só compreendê-lo, mas também produzi-lo, em vez de sofrê-lo.

25-26 de outubro de 1941.

18. O VERBO SER

Todos conhecem a célebre declaração da *Profession de Foi du Vicaire Savoyard* [Profissão de Fé do Vigário Saboiano]: "Na minha opinião, diz Rousseau, a faculdade distintiva do ser inteligente é poder dar um sentido a esta palavrinha: *é*". E ninguém põe em dúvida, parece, que o próprio do nosso espírito é buscar atingir o ser por trás das aparências que o dissimulam: todos os nossos julgamentos seriam frívolos se não tivessem por objeto a verdade, que nos permite discernir o que é do que não é. Toda afirmação enuncia uma correspondência entre o que pensamos e o que é; toda negação é uma precaução ou uma defesa frente a um pensamento possível que tentasse afirmar o que não é. As descobertas mais sutis nunca se ocupam senão de certas *maneiras de ser*, até então desconhecidas, e as explicações mais profundas de um fenômeno ou de um acontecimento nunca nos revelam senão sua *razão de ser*.

Assim, não devemos nos surpreender que a palavrinha *é*, de que nos fala Rousseau, possua um extraordinário prestígio. O Deus da Bíblia não pode definir a si mesmo senão dizendo: "Eu sou aquele que é". E para nós não há forma de afirmação mais plena e mais perfeita, nem que pretenda se elevar mais decisivamente acima de toda crítica, que a que se exprime por esta simples proposição: "Isto é". Sabemos bem, no entanto, que o próprio da inteligência é menos reconhecer que uma coisa é do que nos dizer *o que* ela é: mas ainda é a mesma palavrinha *é* que, após ter-nos assegurado da existência dessa coisa, nos permite defini-la e enumerar suas características, como vemos nestas proposições elementares: "o homem é mortal" ou "o céu é azul". Aqui o verbo *ser*, em vez de enunciar de um sujeito já determinado que ele faz parte do mundo, exprime a ligação desse sujeito com uma qualidade que o determina. E, já que o vemos penetrar como auxiliar na conjugação dos outros verbos, podemos nos perguntar se ele não estaria dissimulado no fundo de todos os julgamentos que parecem prescindir dele, e se não é o caso de considerá-lo o único instrumento da afirmação.

Esse, de fato, é o postulado geral sobre o qual repousa a lógica clássica, tal como foi constituída por Aristóteles. Ele nos leva a ver na gramática uma expressão fiel das operações fundamentais do espírito e, de maneira mais precisa, a identificar todo julgamento com o ato que liga um atributo a um sujeito por meio do verbo *ser*. Mas essa crença talvez tenha imposto à gramática e à lógica uma armadura demasiado estreita e rígida, estabelecendo entre elas uma correspondência artificial que um exame mais aprofundado não cessa de desmentir. É o que Charles Serrus procurou mostrar em um livro intitulado *Le Parallélisme Logico-Grammatical* [O Paralelismo Lógico-Gramatical], no qual encontramos análises muito engenhosas, uma grande riqueza de informação e uma utilização muito apropriada das pesquisas mais modernas dos linguistas ou dos lógicos para flexibilizar ou fazer romper os quadros nos quais a tradição pretendia encerrar, até agora, tanto as formas do pensamento quanto as da linguagem. O pensamento de Serrus lembra, em mais de um aspecto, o de Brunschvicg, que não cessa de denunciar o prejuízo trazido à filosofia pela confusão muito frequente entre os dois sentidos da palavra *logos*: pois, se essa palavra quer dizer, ao mesmo tempo, discurso e razão, não seremos tentados a buscar nas palavras a figura visível do nosso pensamento invisível? O espírito busca sempre se encarnar na letra, que logo ameaça subjugá-lo; e trava contra ela um combate do qual nem sempre sai vencedor. A linguagem e o pensamento procuram em vão se juntar, pois seguem uma evolução divergente: o sonho de uma gramática pura que coincidiria com uma lógica pura é irrealizável. É que a linguagem não é, como se acredita muitas vezes, a expressão deliberada de um pensamento refletido e dono de si; é preciso tomá-la tal como é, segundo Brunot, isto é,

> com suas nuanças e suas inconsequências, como uma mistura perpétua de elementos que forças naturais impelem para a confusão, enquanto outros organizam e distinguem; ela é enredada, indecisa, complexa como a natureza, e não reduzida, simplificada, ordenada e alinhada como a falsa ciência.

Por outro lado, o próprio do pensamento, isto é, da verdadeira ciência, é romper tanto com as formas esquemáticas de uma lógica petrificada quanto com a confusão de uma linguagem que não cessa de se desgastar, mas também de se modelar e de se enriquecer através dos acasos da sua história: assim, vemos o pensamento, na matemática, por exemplo, inventar constantemente novos símbolos ou novas fórmulas pelas quais busca exprimir certas relações complexas que a gramática é incapaz de traduzir.

* * *

Serrus nos diz, com muita razão, que o antigo privilégio do verbo *ser* em gramática e em lógica é a verdadeira origem dessa metafísica que remonta a Aristóteles e que é a metafísica das substâncias: pois, se todo julgamento se apresenta sob a forma de uma ligação entre um sujeito e seu atributo por intermédio do verbo *ser*, é natural considerar que a distinção tradicional do substantivo e do adjetivo exprime a armação mesma do real, no qual não haveria nada mais que substâncias e qualidades. Mas seguramente não existem no mundo apenas seres individuais, os únicos que poderiam legitimamente ser chamados de substâncias; e podemos atribuir a eles ora certas qualidades passageiras, como quando dizemos: "Hoje Pedro está triste", ora certas qualidades essenciais e que não poderiam ser separadas de sua substância, como quando dizemos: "Pedro é homem, ele é racional, ele é mortal". No entanto a maior parte das proposições que apresentam um verdadeiro interesse para o nosso conhecimento têm um sujeito abstrato. Assim, dizemos do homem, do ser humano, que ele é racional e que é mortal. E esse termo *homem* adquire tal consistência para o pensamento que tendemos ora a considerar, com Platão, que ele exprime a substância real da qual os diferentes indivíduos humanos são apenas modos imperfeitos, ora a fazer dele, sob o nome de conceito, uma substância intelectual cujo conteúdo o julgamento desenvolve, ora, ainda, ao identificá-lo com um simples nome, a introduzir sua função substancial no interior do vocabulário. Assim, os diferentes sistemas da filosofia ocidental parecem igualmente construídos sobre a hipótese de que toda afirmação implica necessariamente o emprego do verbo *ser*.

Mas não se pode fazer entrar sem dificuldade todas as proposições em um quadro tão uniforme. É evidente, em primeiro lugar, que há frases nas quais não há sujeito nem atributo, como esta: "chove". Mesmo quando dizemos: "o tempo está bom", seria um abuso fazer do tempo uma substância. E, para exprimir o objeto imediato do nosso pensamento, seria preferível dizer: "está agradável", embora a análise dessa fórmula seja mais ou menos impossível de realizar. Mas os gramáticos nos habituaram a distinguir dois tipos muito diferentes de frases: as nominais, nas quais um atributo junta-se a um nome por intermédio da palavra *é* (por exemplo: "a casa é branca"), e as verbais, que marcam a ação exercida por um ser sobre outro (por exemplo: "Pedro golpeia Paulo"). O segundo tipo é mais frequente, mais característico do gênio indo-europeu. Certamente é possível tentar reduzi-lo ao primeiro, dizer que Pedro está em via de golpear, ou golpeando. Mas isso é só um artifício que não consegue dissimular a diversidade das duas atitudes do espírito, que afirma ora uma relação entre uma coisa e um estado, ora uma relação entre um agente e um paciente.

Scaliger[1] dizia que a diferença entre os nomes e os verbos é a diferença entre o que permanece e o que passa. Mas é mais verdadeiro dizer que buscamos sempre encontrar no mundo

---

[1] Filólogo e historiador do século XVI. (N. T.)

estados ou ações, porque nós mesmos só somos capazes de perceber ou de querer. No entanto, a vontade exerce sempre uma supremacia sobre a percepção, pois a vontade modifica a face dos objetos percebidos. Assim, somente o lógico pode pensar em reduzir a ação expressa pelo verbo a um estado do sujeito agente. O instinto popular faz antes o contrário: ele personifica a natureza inteira e considera o estado das coisas como o efeito de uma força invisível. Mas é o emprego do verbo "que dá vida ao pensamento e o dramatiza". Esse é o segredo de toda mitologia e de toda poesia. Por isso a imobilidade mesma tende sempre a se exprimir pelo verbo, como se não agir fosse ainda uma ação: "Pedro dorme, Pedro não faz nada".

***

A fim de melhor opor os julgamentos que têm por objeto uma atribuição aos julgamentos que têm por objeto uma ação, costuma-se recusar à palavra *é* o nome de verbo, para fazer dela uma simples cópula. Mas, enquanto a cópula era vista outrora como a única ligação possível entre nossas ideias, muitos lógicos procuram hoje rebaixar seu valor: ela tende a se tornar um simples acidente gramatical. Quando digo: "o céu é azul", a palavra *é* não exprime pensamento real algum: é o céu azul que designo, isto é, o encontro, na minha percepção, de certa superfície e de certa cor. Mas, para que o meu pensamento perceba entre esses dois termos uma ligação lógica, seria preciso mostrar como a luz age sobre os elementos da superfície e produz diante do olhar uma aparência azul. Lidamos então com novos julgamentos que, em vez de distinguir arbitrariamente um sujeito de um atributo (e, portanto, uma substância de uma qualidade), estabelecem relações definidas entre os objetos reais que a análise da experiência nos revela sucessivamente. Assim, o próprio de todo conhecimento preciso é substituir julgamentos de atribuição por julgamentos de relação.

Não se poderia ignorar, porém, que a atribuição é, ela mesma, uma espécie de relação. E essa relação nem sempre é tão fortuita e confusa como a da extensão e da cor. Aristóteles funda sobre a cópula uma classificação dos gêneros e das espécies que lhe permite estabelecer a teoria do silogismo; assim, afirmar que todo homem é mortal é incluir a espécie humana no gênero mortal; e dizer que Sócrates é mortal por ser homem é incluí-lo no gênero, porque o incluímos primeiro na espécie. Mas alguns dirão que o pensamento real nunca tem por objeto a extensão respectiva das diferentes classes de seres, mas, sim, as correlações de caracteres pelos quais cada uma das classes é definida. Será o caso de dizer que homem é um conceito complexo no qual o caráter mortal está incluído? Mas essa é uma afirmação frívola que supõe que o conceito de homem já está dado e pronto para ser analisado, quando o próprio do pensamento é precisamente constituí-lo. Portanto, não basta dizer que o homem contém a mortalidade, é preciso mostrar por que a implica necessariamente. E para isso é preciso recorrer ao estudo da natureza fisiológica ou metafísica do homem e estabelecer que ela supõe uma ligação de elementos que a morte, em certo momento, deve dissolver. Ou seja: a atribuição é sempre uma relação imperfeita que deve ceder o lugar, à medida que o pensamento se elabora mais, a uma daquelas relações originais e determinadas que são o objeto do conhecimento científico.

A ciência, de fato, tende a eliminar a cópula. Ela busca antes de tudo relações de igualdade, como vemos na matemática, e relações de causalidade, como vemos nas ciências da natureza. Uma igualdade matemática não comporta nem sujeito nem atributo; e o sinal = não tem de modo algum o mesmo sentido que a cópula *é*; ele separa, um do outro, dois termos que não são idênticos, como se acredita, já que exprimem operações diferentes; mas ele nos mostra que essas operações conduzem ao mesmo resultado. Assim a igualdade representa certamente a forma mais perfeita da relação e o ideal mesmo de todo conhecimento, pois nos permite reencontrar sempre a unidade do espírito através da diversidade de seus procedimentos particulares.

As ciências da natureza, por sua vez, têm por objeto relações espaciais e temporais que não se deixam reduzir à pura atribuição: quando digo A está antes de B, ou depois de C, próximo de D, ou longe de E, não é a cópula que é o objeto da afirmação: são as relações reais e irredutíveis que se exprimem pelas palavras *anterioridade, posterioridade, proximidade* e *afastamento*. É verdade que o próprio do pensamento será introduzir nelas a inteligibilidade e, portanto, a igualdade, isto é, a medida. Mas a medida não abole a originalidade delas. Assim o tempo não é simplesmente medido: ele é uma correlação de acontecimentos sucessivos, e cada um deles é um efeito que deve ser relacionado à ação de uma causa da qual ele nunca pode ser um simples atributo. Tampouco o espaço se reduz às relações métricas de suas diferentes partes: há nele elementos reais cuja justaposição não é fortuita, mas obedece a leis, contribuindo a formar os sistemas que chamamos corpos materiais ou corpos organizados. Chegamos assim a um grupo de cinco relações fundamentais: a igualdade, o tempo, o espaço, a causa e o sistema; e a cópula apenas mascara a diversidade e a riqueza dessas relações.

※※※

Assistimos então ao declínio do verbo *ser*? Em sua forma mais nobre, ele designava a existência, mas já estava marcado, parece, pela esterilidade, pois o que interessa ao conhecimento não é a existência, são as características do que existe. Assim, o verbo *ser* se humilhou até abandonar sua função propriamente verbal e se reduzir à condição de simples cópula, embora pudesse ainda pretender à universalidade. Mas, ao servir apenas para designar estados, ele passou a ser completamente desprezado, e foram todos os outros verbos que reconquistaram, à sua custa, a dignidade que ele havia perdido. Contando reduzir todas as operações do conhecimento a formas diferentes da atribuição, ele lançou fora da sua jurisdição os julgamentos mais carregados de realidade e de vida, todos aqueles que exprimem ações e todos aqueles pelos quais a ciência se constitui.

Na verdade, é um singular paradoxo que a palavra *ser* possa nos fazer perder o contato com o real, em vez de nos lembrar e de nos submeter à sua presença. Mas isso, certamente, é apenas uma ilusão. Se entramos na existência pelo pensamento, como o mostra o argumento cartesiano, o primeiro de todos os sujeitos não é o sujeito gramatical, é o sujeito pensante, no qual o ser e o conhecimento coincidem. Com isso a operação que me faz ser deve se verificar em todos os objetos da minha afirmação; é ela que se exprime de uma forma ainda elementar e ingênua na cópula, de uma forma ativa e dramática no verbo propriamente dito, de uma forma reflexiva e sintética nas diferentes espécies de relação. Talvez Serrus não conteste tal interpretação; ela não ataca a concepção fundamental, que ele defende de maneira tão convincente, de que é estéril querer buscar uma correspondência exata entre as leis da gramática e as da lógica. Em certo sentido, sua concepção não seria de modo algum abalada, mas antes confirmada, se ele concordasse em admitir, como Brentano, que a função do julgamento é *tética*, ou seja, reside na afirmação de uma realidade. O que haveria então de primitivo em todo pensamento seria o julgamento "isto é". E a própria cópula só recuperaria seu verdadeiro sentido, que ela deixou enfraquecer, com a condição de ser regenerada e promovida de novo até a significação da existência. Pois não posso dizer: "a quimera é um animal fabuloso" sem dar à quimera uma existência para a imaginação, no momento em que lhe retiro a existência para a percepção.

Dirão que o próprio da cópula é excluir o tempo, enquanto o tempo é essencial ao verbo porque o papel do verbo é designar a ação? Bréal afirma que a forma natural do verbo é um presente atemporal: ele percebe bem que o verbo marca primeiro a ação em via de se fazer, seja qual for o tempo em que se faz. Ora, é pela ação que todas as coisas se introduzem no tempo: assim, o verbo e a relação só parecem excluir o ser a fim de nos fazer assistir à sua gênese. E isso permite a Jules Lachelier[2] dizer com sua habitual profundidade, mas também com uma dose de ironia, que o ser está em cada frase, mas está sobretudo quando a palavra *ser* não é expressa.

25 de fevereiro de 1934.

---

[2] Filósofo francês (1832-1918). (N. T.)

19. O RITMO DO TEMPO

O tempo sempre foi visto como o princípio da nossa fraqueza e da nossa miséria, pois ele nos tira o que tínhamos e nos impede de ter algo para sempre. Faz oscilar nossa vida entre o desejo e a saudade. Arrasta em sua fuga a nós mesmos e a tudo o que amamos. Como disse o poeta:

Chaque instant te devore un morceau du délice

A chaque homme accordé pour toute sa saison.[1]

Dizemos que Deus é eterno para subtraí-lo a esse escoar em que tudo o que existe acaba aos poucos por se destruir e se perder. Toda nossa atividade é uma luta contra o tempo em que defendemos as obras feitas por nossas mãos ou por nosso espírito, e o nosso ser mesmo, contra esse esboroamento imperceptível e contínuo que, se deixarmos por um momento de repará-lo, acabará por arruiná-las e levá-las ao nada. Mas dessa luta o tempo sempre sai vencedor. E não se diga que o tempo abre diante de nós um futuro, que seria não só o objeto da nossa espera e da nossa esperança, mas também o lugar da atividade criadora pela qual empreendemos edificar um mundo novo e fundar nossa própria existência. Pois

---

[1] "Cada instante devora um pouco da delícia / A cada homem concedida enquanto vive", trecho do poema *L'Horloge* [O Relógio], de Charles Baudelaire. (N. T.)

espera e esperança são as marcas mesmas da nossa impotência: elas acabam sempre frustradas. E o que construímos com tanto esforço são apenas castelos de cartas, sempre votados ao desmoronamento e ao esquecimento. Mas a ilusão mais decisiva, e inseparável do pensamento do tempo, é que esse tempo que precipita nossa perda não acompanha a velocidade dos nossos desejos, sua roda é sempre muito lenta. Pedimos a ele que queime etapas. Queremos estar sempre no amanhã. Buscamos alcançar de imediato um bem que nos escapará em seguida, que nós mesmos acabamos por abandonar quando o temos, e que faz da nossa vida, sempre seduzida por esse falso atrativo, uma espécie de corrida voluntária para a morte.

Nunca escapamos ao tempo, no qual, porém, nunca conseguimos nos estabelecer. O ser que podemos vir a ter, é no tempo que nos cabe descobri-lo ou conquistá-lo. Portanto, viver não é algo que se possa adiar, sob pretexto de que o tempo nos impele sempre para além do presente: ao contrário, precisamos obter no tempo o sentimento dessa presença, em vez de permitir que ele a destrua. A regra suprema de toda sabedoria consiste no uso que devemos fazer do tempo, em uma arte de dispor dele. Essa arte tem por objeto introduzir no tempo, até então o lugar da nossa inquietude, o princípio mesmo da nossa segurança. Os livros de Lecomte de Nouy sobre *Le Temps et la Vie* [O Tempo e a Vida] e de Gaston Bachelard sobre *La Dialectique de la Durée* [A Dialética da Duração] buscam, ambos, criticar a representação clássica da sucessão reduzida a um fluxo contínuo e unilinear de acontecimentos, e nos convidam a pensar como o indivíduo pode submeter sua vida ao tempo, que deve sustentá-la e não dissolvê-la.

***

Lecomte de Nouy nos propõe, primeiramente, distinguir entre o tempo do pensamento e o tempo da vida. O tempo do pensamento é o tempo cujo escoamento uniforme é dividido pelo ponteiro dos nossos relógios segundo o curso das revoluções siderais. E sabemos hoje que ele não pode ser dissociado do espaço, que é necessário à sua medida assim como ele próprio é necessário ao espaço, que só se pode conhecer se for percorrido. Mas o tempo não é só o lugar dos movimentos relativos: é também aquela duração real de que fala Bergson, na qual nascem e crescem indivíduos destinados a morrer um dia. Ora, a vida introduz no tempo uma verdadeira descontinuidade. De fato, tudo se passa como se os indivíduos vivessem simultaneamente no mesmo espaço e em tempos diferentes. Cada um deles traça no tempo uma curva que lhe é própria. Em particular, o tempo da criança não é o mesmo que o do adulto ou do velho. E, sobre esse ponto, há uma coincidência singular entre os resultados da experiência fisiológica e a interpretação imediata do testemunho da consciência. Lecomte de Nouy nos descreve com muita exatidão e minúcia duas séries de pesquisas que o levaram a conclusões convergentes. Uma delas tinha por objeto a velocidade com que os ferimentos que ele observou durante a guerra cicatrizavam. A cicatrização é uma propriedade espantosa do tecido vivo, capaz de reparar-se a si mesmo por uma proliferação celular: fenômeno misterioso que nos aproxima da raiz mesma da vida, do ponto onde ela se engendra e se regenera. Ora, a velocidade de cicatrização é proporcional à idade do ferido, e pode-se dizer que serve para determinar sua idade real, que nem sempre corresponde à sua idade legal.

Sabe-se também que o dr. Carrel conseguiu realizar a cultura de certos tecidos que, se tratados com suficiente precaução, continuam a viver e a se desenvolver indefinidamente: dentro dos limites da nossa investigação, é como se eles fossem, de direito, imortais. Mas trata-se de uma imortalidade específica da qual não podemos obter esperança alguma no tocante à imortalidade que nos interessa e que é a do nosso ser individual. Muito pelo contrário, pois, se a esses tecidos for dado o soro normal de um animal da mesma espécie, a atividade deles se reduz a um valor que é sempre relativo à idade desse animal. É como se o tecido abandonasse o tempo anônimo, retilíneo e uniforme, para entrar em um tempo original, diferenciado e definido por uma curva de envelhecimento, que é a mesma da cicatrização.

Pode-se mostrar experimentalmente que a velocidade de cicatrização é quatro vezes maior em uma criança de dez anos que em um adulto de cinquenta. O que permite dizer que, se o adulto precisa de quatro vezes mais tempo que a criança para efetuar o mesmo trabalho fisiológico, o tempo deve transcorrer, para ele, quatro vezes mais depressa. Em um mesmo ano, passam-se muito menos coisas para um adulto do que para uma criança. Assim, o ano deve parecer bem mais lento para esta última, o que a observação não deixa de confirmar. Quanto à explicação engenhosa que se quis dar dessa impressão subjetiva, dizendo que a avaliação do tempo é sempre relativa e que, para a criança de dez anos, o ano é somente a décima parte da sua vida, enquanto para o homem de cinquenta é a quinquagésima, pode-se dizer que ela concorda de maneira bastante significativa com a relação real entre os tempos de cicatrização.

***

Se o tempo contínuo é, portanto, o tempo do pensamento, o tempo da vida é essencialmente descontínuo. Ele registra em cada indivíduo a curva mesma da sua evolução; à medida que se torna mais rápido, traduz em nós o declínio do impulso vital: caracteriza o ritmo dele. O próprio da sabedoria é aceitarmos e esposarmos esse ritmo, sem nos queixarmos, quando envelhecemos, de não reencontrar o tempo da nossa infância. Além disso, o tempo, à medida que avança e se torna para nós mais rápido, adquire uma plenitude que não tinha, mas que é uma plenitude espiritual. O presente não cessa de se alimentar do passado, não para nos fazer sentir saudade dele, mas para lhe dar uma profundidade tranquila que compensa aquilo que o corpo lhe retira.

***

No, entanto não é somente o ciclo da nossa vida orgânica que introduz a descontinuidade no tempo. Bachelard não teme fazer intervir, na contextura do tempo, os esquemas descontínuos que parecem ter triunfado na física contemporânea com os átomos, os elétrons e os *quanta*, pontuando o tempo de instantes criadores. E, por oposição ao tempo do abandono e do devaneio que nos parece ser o único contínuo, ele nos ensina a querermos o tempo no qual vivemos, graças a decisões que se produzem sempre no instante e que se ligam umas às outras por intermédio de certos ritmos nos quais nossa existência se fortalece e se consolida, contanto que permaneçamos fiéis a elas. O tempo é o meio pelo qual conseguimos realizar a coerência de nossas escolhas e colocar em prática o sistema de nossas preferências. Portanto, observa-se aqui uma supremacia do tempo desejado sobre o tempo vivido. E não é mais verdade dizer apenas que dispomos do tempo; é preciso dizer que o tempo mesmo é nossa obra, ou que vivemos no tempo que construímos e que nos demos.

Por oposição à duração sem fissura a que Bergson atribuía uma continuidade perfeita e que o obrigava a excluir o nada da maneira rigorosa como o fez Parmênides, já que o pensamento do nada supõe o ser e a ele se acrescenta, Bachelard ressuscita outra tradição que busca compor o devir, isto é, o tempo, com o ser e o nada. Contudo, longe de fazer do tempo uma realidade bastarda e evanescente, na qual o ser e o nada se misturariam de maneira misteriosa e indistinta, ele nos mostra como o tempo se revela a nós através de uma série de rupturas: ele é uma poeira de atos instantâneos separados uns dos outros por intervalos. O tempo não pode ser uma série contínua de instantes, pois o instante requer o intervalo, seu contrário, mas do qual não pode prescindir porque o intervalo, ao separar os instantes, é que os faz existir. A dialética do tempo, portanto, será uma dialética do instante e do intervalo, que é uma espécie de colocação à prova da dialética do ser e do nada. Bachelard insiste, contra a opinião de Bergson, em colocar o pensamento do nada no mesmo nível que o pensamento do ser, o que se compreende sem dificuldade, já que ele é gerador daquela descontinuidade que constitui para ele o fundo do real: tem-se mesmo a impressão de que o coloca às vezes acima, como se vê nesta fórmula: "O pensamento puro deve começar por uma recusa da vida. O primeiro pensamento claro é o pensamento do nada". O que se admitirá não sem alguma dificuldade, se é verdade que a recusa da vida é ainda um ato da vida e que o pensamento do nada continua sendo o ser de um pensamento.

Mas Bachelard tem o grande mérito de marcar com muita lucidez a desigualdade do curso do tempo, que é certamente a marca da desigualdade da nossa participação no ser e na vida. Haveria em cada instante o que ele chama de fina singularidade; é que ele busca sempre, no instante, a consciência aguda de um contato atual com o concreto, de um ato voluntário pelo qual nos engajamos e que prontamente nos dá acesso ao ser. Em comparação, o intervalo não é mais que um abandono, uma vergadura e um descanso. O que não quer dizer que ele seja nada, mas apenas que se opõe ao instante como nossa passividade se opõe à nossa atividade, embora ambas estejam inscritas no ser e a nossa vida passe sempre de uma a outra por uma oscilação ininterrupta. Só que o tempo está inteiramente do lado do intervalo, como o mostra nossa apreciação do tempo, que só é longo quando é longo demais, isto é, quando nada contém. Já a nossa atividade, quando se concentra em instantes carregados de intensa eficácia, evade-se do tempo a fim de viver em um presente eterno. O que confirma, em certo sentido, a interpretação de Lecomte de Nouy sobre o tempo da criança, do qual só se diz que é longo porque é repleto, de tal modo que parece parar de correr.

A oposição entre o intervalo e o instante criador nos permite compreender de que maneira, no tempo, a consciência ora se dissolve, ora se concentra. O tempo é, ao mesmo tempo, o ponto de queda e o ponto de apoio da consciência. Nele, o nosso ser só pode ganhar ou perder: é preciso que o tempo o dissipe quando cessa de alimentá-lo. O intervalo não é o nada, como diz Bachelard, mas possibilidade pura e simples, permissão de agir; é o instante que transforma essa possibilidade em ser, que decide o sim ou o não. E o tempo inteiro pode ser definido com o ritmo dos sim e dos não. Ele desenha, como já havia observado Bergson, a forma da nossa hesitação. Nele, a vida não cessa de ser ensaiada, recusada e retomada. Ele é o caminho da liberdade, mas essa liberdade precisa ser assumida, sem o quê logo se tornará o caminho do acaso e da fatalidade.

Essa é a razão pela qual cada instante no tempo é para nós um primeiro começo. É que ele é o lugar de inserção da vontade. Mas um ato de vontade simples não basta para constituir uma duração: ele precisa dispor também do intervalo. Pode-se observar que a originalidade do tempo já se revela a nós, com singular nitidez, na conduta diferida. É o que se percebe bem no exemplo da espera que, "ao escavar o tempo, faz o amor mais profundo", e que lança o amor mais constante no jogo alternado e emocionante dos instantes e dos intervalos. Mas só dispomos realmente do intervalo pela possibilidade que temos de recomeçar o mesmo ato várias vezes. Assim, para formar nossa própria conduta, cada um de nós procede como o cientista que, para formar a ciência do universo, povoa o tempo de frequências, após ter povoado o espaço de átomos. Tanto em um caso como no outro, lidamos com pontos de apreensão do real que estão como que separados por zonas de indeterminação. "O fio do tempo está coberto de nós." Mas são esses nós que nos permitem dominá-lo. É por eles que o cientista consegue se apoderar da causalidade, agindo sobre a marcha do fenômeno, reduzindo-a, acelerando-a ou imobilizando-a. Do mesmo modo, nossos impulsos e nossas decisões se exercem sempre no instante: nossa tarefa é compô-los, organizá-los no interior de certos ritmos pelos quais nosso caráter se fortalece, que formam a disciplina da nossa vida e que, por sua repetição, permitem que o tempo, que até então não cessava de nos dissipar, seja o instrumento mesmo da nossa segurança.

Assim, seria possível conceber uma ciência ao mesmo tempo do real e da conduta, na qual buscaríamos reconhecer ou criar ritmos temporais que seriam o fundamento de todas as estruturas que podemos observar no espaço, e à qual poderia ser dado o nome de *ritmanálise*. A matéria sempre pode se transformar em uma irradiação ondulatória: cada um dos seus elementos tem uma frequência determinada. Ela é constituída por um ritmo que se converte precisamente em matéria quando se apresenta aos nossos olhos sob uma forma confusa. "Toda a sua energia de existência reside na sua energia vibratória." Em todos os planos da atividade encontramos os mesmos instantes notáveis que pontuam uma duração uniforme, desprovida por si mesma de conteúdo e de significação. Assim, "o que caracteriza uma alma de músico um pouco experiente é sentir e viver essa dialética da regularidade e da liberdade, da emoção diferida e depois efetuada, que ondula ao longo de toda a melodia". O lirismo, por sua vez, é uma proporção de sílabas acentuadas e de sílabas átonas, mas em uma contabilidade que negligencia as durações. Nossa vida inteira está envolvida no interior de certos ritmos que são os do nosso corpo e da natureza que nos cerca. Quando nossa consciência os reencontra e entra em harmonia com eles, somos capazes de sentir a felicidade: mas é uma felicidade de sonho e de abandono. O pensamento nos coloca acima dela e nos permite governá-la. Bachelard pensa em uma filosofia "em que o ritmo das ideias e dos cantos comandasse aos poucos o ritmo das coisas". É que há um ritmo do nosso ser pessoal e profundo que é a obra mesma da nossa liberdade. Ele descobre no ritmo inscrito nas coisas outras tantas ocasiões com as quais deve se harmonizar. O próprio do sábio é discernir e responder a elas; e todos os fracassos são oportunidades perdidas. Pode-se perfeitamente dizer do ritmo que ele é uma "infância reencontrada", mas, sobretudo, por ser uma vocação descoberta e realizada. Assim, seria possível constituir essa filosofia do repouso cuja possibilidade Bachelard entrevê: ela se fundaria no conhecimento e na disposição de todos os ritmos do tempo. Pois o repouso, diz ele, está "inscrito no núcleo mesmo do ser". Só que é um repouso ativo que não pode suspeitar ser a atividade mesma pela qual a vida se cria, segundo um ritmo eterno que, no tempo, ultrapassa o tempo e que, por fidelidade às leis da ordem, da harmonia e da sabedoria, deve constantemente ser mantido por estar constantemente ameaçado.

7 de fevereiro de 1937.

20. O ESPÍRITO E O REAL

A oposição destas duas palavras, *espírito* e *real*, exprime bastante bem uma ambiguidade que é inseparável da nossa vida, na qual dispomos de uma iniciativa secreta que nos permite compreender, amar e querer, e na qual deparamos fora de nós com um mundo que nos resiste, que nos constrange e nos fere, mas que é assim porque nosso espírito tenta penetrá-lo e sujeitá-lo, declarando-se vencido se não o consegue. Ora, essa oposição do espírito e do real esconde um extraordinário paradoxo: pois o que pode haver fora do real? E, se nosso espírito é irreal, como se pode nomeá-lo, como se pode qualificá-lo? É impossível distingui-lo do real sem, de alguma maneira, o integrarmos nele. O espírito é um aspecto do real que opomos a seu aspecto material sem o qual não seria apreendido nem conhecido.

Não se pode negar, porém, que o real não se confunde, para a maior parte dos homens, com a matéria, com aquilo que se vê e se toca, com aquilo que se mostra a todos os olhares, que a mão é capaz de atingir, que fornece a todas as minhas ações um obstáculo e um ponto de apoio. Ao contrário, não se pode pegar o espírito; ele é invisível, fluido e móvel; é como uma chama que a todo instante se extingue e volta a se acender. Seu destino é iluminar o mundo; mas, para iluminá-lo, o supõe e, como a luz, parece nos revelar o mundo sem nada lhe acrescentar.

Mais ainda: é do objeto mesmo ao qual se aplica, e que sem ele não seria conhecido, que o espírito, por uma espécie de retorno, parece receber a realidade que lhe falta, assim como a luz nunca se mostra senão pela claridade que espalha nas superfícies que a interrompem e a detêm. Desse modo, é quando se imobiliza e se põe sobre um objeto que lhe é estranho que o espírito consegue se atualizar, como se esse objeto, tão logo conhecido, lhe comunicasse a existência que lhe cabe. Mas o que era ele até então, senão pura virtualidade? Tal é, pois, o segredo da oposição entre o espírito e o real: o real é aquilo que nos é dado; já o espírito é a possibilidade de nos darmos esse objeto, o que significa, ao mesmo tempo, muito menos e muito mais. Muito menos porque a ideia da coisa é muito menos que a coisa, da qual é um vão simulacro privado de carne e de sangue; no entanto, é muito mais porque nos revela o sentido e nos mostra a gênese dela. Assim, as coisas nada são para nós senão o ato do espírito que se apodera delas e as representa para nós; e o espírito nada é sem as coisas, das quais ele precisa a fim de se exprimir e de encarnar nelas. Percebe-se por aí a ascendência que o espírito possui: ele é a justificação do real e, ao nos obrigar a refazer a ação que produz esse real, nos mostra como pegá-lo e nos permite modificá-lo indefinidamente.

É essa relação entre o espírito e o real que Francis Maugé buscou definir em dois grossos volumes, o primeiro intitulado *L'Esprit et le Réel dans les Limites du Nombre et de la Grandeur* [O Espírito e o Real nos Limites do Número e da Grandeza], e o segundo, *L'Esprit et le Réel Perçu* [O Espírito e o Real Percebido], que serão seguidos de outros dois: um examinará a relação do espírito com o real, não mais como o percebemos mas como a ciência no-lo faz conhecer; e o outro buscará captar, nas manifestações da vida afetiva, todas as virtualidades da vida espiritual e a significação da vida humana. A obra inteira se apresenta como o estudo da relação entre *o destino e o problema da verdade*. De fato, o autor não se contenta em descrever o esforço com que o espírito penetra aos poucos no real e o converte em conhecimento. Seu objetivo é atingir o núcleo mesmo do nosso destino, que, para ele, se confunde com a lei do espírito "na luta que este mantém contra aquilo que o limita ou barra seu impulso", mostrando-o em ação nas operações sucessivas pelas quais ele cria a verdade que é, se podemos dizer, sua obra mais autêntica. Maugé possui, sobre as recentes descobertas da ciência contemporânea, informações muito amplas e seguras. Para nós não poderia haver melhor guia em tal investigação, mesmo se às vezes falamos outra linguagem.

***

O que nos impressiona primeiro, nos seus dois livros, é um sentimento muito vivo da dualidade e, por assim dizer, da contradição entre o espírito e o real. Em nenhum momento o real se oferece ao espírito como se contivesse uma harmonia inteligível que o espírito tentaria reencontrar, e à qual permaneceria ele próprio desigual. O real é sempre um obstáculo que deve ser superado. E só pode sê-lo se tivermos fé na razão, que é a faculdade do idêntico, e se, ao mesmo tempo, o impulso vital nos obrigar, para não sucumbir, a uma constante adaptação às exigências do real. O real é o que resiste à ação do espírito, é o que é sempre exterior, múltiplo e disperso. Mas o espírito é a intimidade mesma: em toda parte onde age, ele concentra e unifica. Sendo assim, há uma lei das relações do espírito e do real, lei que nos permite ver o espírito como uma função e o real como uma variável, e que Maugé não teme considerar mais fundamental que a lei de Newton. A verdade é um ato imanente ao espírito, que a faz engendrar-se a si mesma. Mas o espírito sempre encontra pela frente barreiras que o rompem e o dividem: ele se fragmenta em espíritos separados que se ignoram e se buscam. Seu papel é circular entre essas barreiras, envolver o múltiplo em uma rede de relações, aproximar os espíritos separados e criar entre eles uma viva comunhão. Assim, ele persegue um tríplice ideal, que é fazer crescer nosso poder sobre o mundo, introduzir nele uma unidade racional, duas tarefas para as quais a ciência pode ser suficiente, mas que só encontram sua razão de ser e seu desfecho em uma terceira, que é a formação de uma sociedade entre todos os espíritos.

Eis aí uma concepção do papel do espírito com a qual só podemos estar de acordo, embora o vocabulário possa surpreender. Pois admitimos que é tentador fazer do espírito uma lei diferencial; mas nos perguntamos se o espírito pode ser, ao mesmo tempo, a lei e o autor da lei. Essa lei é uma obra sua ou, pelo menos, é uma fórmula que a traduz; mas seria perigoso se ela nos inclinasse a fazer do espírito um objeto de pensamento, quando, ao contrário, o espírito é o que nunca pode ser objeto para o pensamento, pois é o ato supremo que estabelece todos os objetos de pensamento possíveis e todas as leis capazes de representá-los. Ao introduzir o próprio espírito em uma lei, corre-se o risco de fazer dele uma natureza e de sujeitá-lo a um desenvolvimento necessário; ou então, caso se queira manter a liberdade dos seus movimentos – que podem marcar ora um progresso, ora um recuo –, a lei que os rege exprime apenas uma espécie de traçado onde eles se inscrevem um após o outro.

Percebe-se bem que o espírito, reduzido a si mesmo, gozaria de uma liberdade absoluta, disporia de uma possibilidade ilimitada, e sua atividade seria, então, um simples gatilho ou um puro abandono. Felizmente, o real desempenha em relação a ele o papel de freio ou de volante regulador. Mas gostaríamos de saber se é preciso que haja uma essência heterogênea ao espírito para que este seja capaz de deter e de dividir seu impulso, ou se essa essência seria idêntica ao próprio espírito, apreendido através da diversidade das suas operações, em sua maior ou menor tensão e, por assim dizer, em seus diferentes graus e diferentes níveis. Enfim, poderíamos nos perguntar ainda se o espírito, como pensa Lalande, não buscaria senão reduzir a diversidade, que para ele seria uma espécie de escândalo, ou se a própria diversidade não seria o seu desejo mais profundo, e que ele busca produzir como o testemunho mesmo da sua fecundidade, que frutifica indefinidamente.

São questões que colocaríamos de bom grado a Maugé, às quais não duvidamos que ele daria respostas mais apaziguantes: pois o problema essencial da filosofia é, de fato, saber se a dualidade do real e do espírito é absoluta e irredutível – e se o real nada mais é que um mistério opaco no qual o espírito procura fazer penetrar uma luz estranha –, ou se o espírito possui com o real um parentesco profundo e se não seria sua ponta extrema: talvez o real só nos pareça envolvido em trevas para que cada espírito descubra nele seu próprio bem. Quando se trata de descrever as operações possíveis pelas quais o espírito age, seja na construção do mundo matemático, seja na construção do mundo que percebemos, as análises de Maugé mostram de imediato a maior força persuasiva: vemos que ele põe em prática com extremo rigor uma ideia que nos é familiar desde os trabalhos de Brunschwicg: a de que não podemos dizer do espírito o que ele é, mas somente o que ele faz, pois sua atividade nos escapa durante o tempo em que se exerce e a apreendemos apenas depois que se exerceu, isto é, em sua obra, uma vez realizada.

***

É evidentemente na matemática que a liberdade do espírito será maior e a resistência do real, menor. Mas esta não é nula, como se vê, por exemplo, na formação dos números, quando nossa atividade faz a escolha de certos símbolos, que devem representar operações que sejamos capazes de efetuar. De fato, em parte alguma o espírito se modela com mais rigor a partir de exigências impostas pelas coisas, mas tampouco em parte alguma ele busca regê-las por iniciativas mais ousadas. É o que se percebe claramente no progresso mesmo da aritmética, na invenção sucessiva dos números fracionários, negativos, irracionais, que, por um lado, são encarregados de dar um sentido geral a operações chamadas divisão, subtração, extração de raízes, e, por outro lado, evocam sempre ou a fragmentação indefinida do real, ou a possibilidade de contar um comprimento em dois sentidos, ou ainda a relação entre o lado do quadrado e sua diagonal. Observações análogas serão feitas sobre os números imaginários. O cálculo infinitesimal, que em Leibniz aparece inseparável dos princípios fundamentais da sua metafísica, nos fornece o único método de medida capaz de se adaptar a todas as sinuosidades do real. E os objetos da geometria também apresentam o caráter de serem obras do espírito, mas às quais a experiência deve fornecer tanto um suporte quanto um campo de aplicação: são intermediários entre os objetos lógicos e os objetos físicos.

Mas, se a matemática consiste em um conjunto de esquemas operatórios, esses esquemas são criações de um ser vivo que não é nem um corpo bruto nem um espírito desencarnado. Assim, o pensamento, inseparável da vida, está sempre em correlação com a natureza dos nossos órgãos. Cada símbolo matemático oculta um gesto sempre disponível que pode ser repetido sempre e por todos: esse gesto é puramente virtual e marcado pelo caráter de ausência enquanto não encontra, no real, um objeto que lhe corresponda; tão logo o encontra, ele se atualiza e adquire a presença, que é o verdadeiro sinal de que o objeto está aí. O próprio espaço nada mais é que a expressão simbólica de todos os movimentos possíveis. Mas o contorno dos corpos não é uma pura invenção do nosso espírito; ele detém o olhar ou a mão. Assim, é quando os impulsos do corpo são reprimidos que a continuidade do espaço é rompida e os objetos aparecem diante de nós. E, se podemos aceitar as fórmulas pelas quais Wundt reduz as criações matemáticas a experiências de pensamento, Bradley a operações ideais e Goblot a construções mentais, é sob a condição de não ignorarmos que qualquer experiência pura só é possível pela imaginação de certa experiência real. Com isso voltamos naturalmente à concepção de Rignano, para quem toda construção intelectual toma emprestado seu valor de uma construção manual que subjaz a ela.

A matemática é uma linguagem pela qual designamos os objetos que se distinguem apenas por sua posição no espaço. Mas os números e as figuras não podem ser separados dos movimentos orgânicos que nos permitem efetuar certas operações sobre as coisas. Essas operações mesmas estão no trajeto da energia cósmica que é drenada por nosso corpo e restituída ao meio no qual vivemos. O que mostra que não se pode dar significação alguma a atos de um espírito puro, e que cada um dos nossos procedimentos intelectuais se enraíza em todo o universo e é solidário a ele. O matemático efetua uma série de gestos diferenciados pelos quais, através dos cálculos e das figuras, "faz representar para uso próprio o drama da natureza e o prefigura a ponto de prever qual das suas peripécias interessa à sua ação". Ele encontrou meios de identificar, de dar a todos os seus semelhantes uma designação precisa do real. Assim o pastor que não sabe contar pode temer ter perdido suas ovelhas, mas, quando aprendeu a fazê-lo, sua inquietação se apazigua; ele pode *prestar contas*.

Não é surpreendente que o matemático disponha de uma multiplicidade de caminhos diferentes para resolver o mesmo problema. Pois ele quer dar aos procedimentos que emprega a coesão mais rigorosa, mas, ao mesmo tempo, procura adaptá-los ao real da maneira mais perfeita possível. A falta de correspondência dos esquemas que utiliza com novos aspectos da experiência o obriga a tornar mais maleáveis os instrumentos rígidos. Essa maleabilidade prossegue de forma ininterrupta: é ela que constitui a história da matemática. Nela se vê o poder de invenção do espírito crescer proporcionalmente à sua docilidade para com o real.

Essa análise é suficiente para nos dar uma ideia bastante precisa de um método que recebe novos desdobramentos na explicação do mundo percebido. Aqui nos é mostrada, primeiro, a relação entre o dinamismo intelectual e a construção de um sistema nervoso que esse dinamismo sempre ultrapassa e não cessa de governar. Mas as duas concepções mais significativas são, talvez, as do espaço percebido e do corpo percebido. Maugé se apoia, com muita exatidão, na heterogeneidade entre as imagens visuais e as imagens táteis para afirmar que é a consciência dos movimentos que devemos efetuar para fazê-las coincidirem que engendra a nossa percepção do espaço. Ora, o que constitui a originalidade do nosso corpo é que, nele, as imagens visuais coincidem precisamente com as imagens táteis: e é essa coincidência que, ao suprimir o intervalo, produz a aderência do eu ao corpo que chamamos nosso. Mas esse corpo é também, para um observador alheio, uma espécie de projeção, no seu campo de consciência, daquilo que seus sentidos deixam filtrar da nossa própria vida interior; nessa projeção, dizem-nos, é o real que se mostra. Talvez fosse mais exato dizer: é a nossa aparência realizada. Em todo caso, não é o espírito, cujos atos são sempre interiores a si mesmo e rigorosamente incomunicáveis. Mas certamente é aqui, no ponto de encontro da consciência e do corpo, que percebemos melhor a relação entre o espírito e o real: não que o espírito, que não é senão uma consciência virtual, possa se confundir com a consciência real, que é uma unidade sempre ameaçada e sempre restabelecida, nem que o real possa se confundir com o corpo, que o real ultrapassa por todos os lados; mas na relação entre a consciência e o corpo dispomos de uma experiência privilegiada em que cada espírito se mostra a nós, primeiro, como o agente do pensamento e não como seu objeto; a seguir, como uma iniciativa sempre retomada que encontra no corpo ao mesmo tempo um obstáculo e um instrumento; mas o corpo é também o fenômeno pelo qual o espírito se manifesta e o organismo no qual se encarna, de modo a ter lugar em um mundo onde pode dar testemunho para si mesmo e entrar em comunicação com todos os outros espíritos.

13 de março de 1938.

21. Ser e conhecer

O problema das relações entre o conhecer e o ser domina toda a especulação filosófica, pois ele põe em jogo o ato essencial pelo qual toda consciência se interroga sobre si mesma, isto é, o ato que a constitui e que ela não pode efetuar sem buscar justificar sua validade. Esses dois termos, ser e conhecer, são correlatos um do outro. É impossível pensá-los isoladamente. Ninguém no mundo poderia falar de um ser que não fosse conhecido; e um conhecimento privado de toda ligação com o ser seria o conhecimento de nada. O conhecimento, com efeito, é a busca do ser e, se não o alcança, dizemos que é falso e ilusório; mas ele sempre o é até certo ponto, uma vez que só pode nos dar do ser uma representação que tem sentido apenas para nós; essa representação é sempre subjetiva e inacabada, pois, para ser perfeita, teria que coincidir com o próprio ser; ora, nessa coincidência o conhecimento seria abolido e o ser mesmo não seria mais afirmado.

Portanto, dirão, não é preciso mais definir o conhecimento como um esforço do sujeito para obter uma imagem fiel de um ser preexistente; não apenas nada se sabe desse ser senão pelo conhecimento, mas também se pode dizer que ele é afirmado no e pelo conhecimento mesmo; então não haveria outro ser senão a representação, que é menos o objeto do conhecimento do que seu produto. Mas abolir o ser em proveito do conhecer não é viável, pois seríamos obrigados a propor, ao mesmo tempo, que há um ser do conhecer e que há no conhecer graus e diferenças de valor, de tal modo que ele deve ser capaz de se retificar e de se enriquecer de maneira indefinida, a fim de adquirir, precisamente, aquela plenitude de ser para a qual tende, mas sem nunca pretender a ela.

Assim, as duas doutrinas, às quais se deu o nome de idealismo e de realismo, combatem apenas por fórmulas, como acontece muitas vezes em filosofia: pois elas concordam sobre esta verdade evidente de que ser e conhecer são inseparáveis um do outro, embora haja entre eles um intervalo que permite ao realismo afirmar o ser como uma coisa à qual o conhecer se aplica, mas sem conseguir esgotá-lo, e ao idealismo afirmá-lo como a perfeição do conhecer que, no entanto, jamais se completa. Ora, na realidade, ser e conhecer são contemporâneos um do outro: o tempo não é senão a marcha que os dissocia e que nos obriga, por uma ilusão de ótica, a considerar sucessivamente cada um deles como anterior ao outro. O problema está apenas em saber se, como se crê quase sempre, esses dois termos são homogêneos e diferem apenas como o parcial do total, o inacabado do acabado e o imperfeito do perfeito, ou se o conhecimento forma um mundo novo, alheio ele próprio ao ser, ilusório por natureza, e que seria sempre necessário atravessar e ultrapassar para ter acesso ao ser verdadeiro.

**

Tal é precisamente a tese que procurou defender Paliard em um engenhoso livrinho intitulado *Le Théorème de la Connaissance* [O Teorema do Conhecimento] que se apresenta, como a *Ética* de Espinoza, sob uma forma geométrica, e que examina com muita profundidade a origem do conhecimento, suas diferentes espécies e a maneira como cada uma delas considera o ser, dele se afasta e o dissimula sempre por trás de algum véu, que devemos rasgar para que sua revelação possa nos ser dada.

A proposição fundamental que Paliard quer estabelecer é que "o conhecimento é uma reflexão da vida sobre si mesma".

O que basta para mostrar, ao mesmo tempo, que a vida é incapaz de se conhecer imediatamente, que ela só pode chegar a isso graças a uma espécie de desdobramento ou de retorno sobre si mesma, e que, quando começa a se conhecer, é sempre como exterior a si e, portanto, como diferente do que é. Ora, viver é existir ou ser em si; logo, a vida é irredutível ao conhecimento, embora, ao refletirmos sobre ela, possamos nos tornar um espírito conhecedor. Por conseguinte, conhecer e existir só poderiam se identificar naquela *plena consciência de si* em que o Verbo e a Vida coincidem. Aqui o sujeito não pode ter outro objeto senão ele mesmo; não há nada que se imponha a ele de fora; ele produz tanto seu próprio pensamento quanto sua própria realidade. Mas essa plena consciência de si, que é idêntica à verdade total, é recusada ao homem. Ele possui apenas uma verdade imitada, formada de parcelas de verdade que busca ligar entre si. No entanto, a consciência humana só existe quando busca se tornar a plena consciência de si.

Entre a plena consciência de si e a consciência humana, portanto, há um intervalo que o conhecimento quer preencher; e se o ser só se realiza na plena consciência de si, na perfeita interioridade de si a si, a consciência humana tende a ela e a imita pelo conhecimento. Mas o conhecimento é afirmação ou representação do ser, ele mesmo não é um ser: conhecer é não ser o que se conhece. O ser, portanto, está presente no conhecimento, mas é exterior a ele. O ser afirmado não é a intimidade mesma do ser: é somente sua tradução ou sua aparência. O conhecimento não nos permite penetrar no interior do ser, somente nos revela sua superfície. O sujeito e o objeto se opõem no interior do conhecimento e para que o conhecimento seja possível. Nem um nem outro são, propriamente falando, seres. Pois o ser do objeto é o mesmo que o ser do sujeito; eles se identificam na unidade da vida, e parecem dois apenas no conhecimento e para que o conhecimento seja possível. No entanto, o objeto só pode nos parecer exterior ao conhecimento se for interior a ele na sua aparência mesma, de tal modo que o conhecimento já é um começo de interioridade, uma imitação da perfeita consciência de si. Ele é mediador entre esta e a multiplicidade do dado sensível. Por isso também ele é sempre ordem e ligação, por isso o sujeito é somente uma atividade que liga e não uma atividade pura, pensamento do objeto e não pensamento de si mesmo. Se não fosse assim, nada haveria nele de recebido nem de sofrido, para ele não haveria mais objeto: o mesmo ato indivisível lhe permitiria, ao mesmo tempo, conhecer-se e fazer-se.

Há três espécies de conhecimento, que Paliard classifica em uma ordem inversa à ordem habitual porque, para ele, o próprio do conhecimento não é tender à perfeita objetividade, e sim, ao contrário, à perfeita interioridade: então encontramos primeiro o conhecimento científico ou conhecimento por *conceito*, a seguir o conhecimento individual ou conhecimento por *percepto*, enfim o conhecimento interior, isto é, o conhecimento do sujeito por si mesmo ou conhecimento por *sentimento*.

A vida escapa ao conceito, mas o conceito busca igualá-la pelo pensamento da ordem que reina entre todas as partes da natureza. O conceito é um intermediário entre a dispersão absoluta das coisas e a pura ideia de uma ordem perfeita e acabada. Ele exprime, ao mesmo tempo, uma antecipação da ordem e uma parada, um repouso ou uma etapa na busca da ordem. Mas os conceitos não se atraem uns aos outros, como se pensa com frequência, por uma espécie de necessidade mecânica. Eles formam um edifício que supõe um arquiteto. Esse arquiteto é o espírito. O ato fundamental do espírito é o julgamento, que imita o ato mesmo da criação. Ele é uma recusa do real, mas destinada a se transformar em um consentimento mais sutil. Pois a alma do julgamento é o sim e o não. É uma recusa, primeiro, por ser incapaz de ratificar o real senão encerrando-o em seus próprios laços, submetendo-o à lei da ordem. A diversidade na qual a ordem é introduzida é ora criada pelo espírito, como na matemática, ora oferecida pela experiência, como nas ciências da natureza: aqui se observa um duplo movimento da ideia ao fato e do fato à ideia; aqui se pode dizer que o fato se idealiza e que a ideia se realiza; sendo assim, compreende-se que a ciência exprima o poder que o homem pode adquirir sobre a natureza: desse poder, do qual participa enquanto ser vivo, ele dispõe na medida em que a reflete. E é pelo conceito que ele busca igualar esse poder à natureza inteira.

Só que não se deve esquecer que o conceito, embora universal, nunca pode ser senão o objeto de um pensamento individual. Ora, o que caracteriza o indivíduo é representar o mundo segundo a subjetividade de um ponto de vista. Essa é precisamente a natureza do *percepto*. O que basta para mostrar por que o conhecimento por conceito requer sempre o conhecimento por percepto, por que o percepto contém, ele próprio, uma ordem implícita, por que ele é, ao mesmo tempo, fato e ideia, poder e saber, e por que não é uma reflexão, embora só seja possível porque o homem é capaz de refletir. Ele é uma transição entre o pensamento e a vida. Mas é significativo que a subjetividade do ponto de vista possa ser apreendida sob a forma de um objeto: esse objeto é o nosso corpo, como o mostram todos os nossos deslocamentos. E estamos aqui diante de uma espécie de círculo pelo qual relacionamos todo objeto ao nosso ponto de vista e fazemos do nosso próprio ponto de vista um objeto: portanto, há uma ilusão que é natural ao percepto: consiste em afirmar como ser o que só pode ser afirmado na subjetividade do nosso ponto de vista. E compreendemos agora por que a filosofia foi sempre repuxada entre duas idolatrias de sentido oposto: a do conceito e a do percepto, a do realismo intelectualista e a do realismo materialista. Na realidade, o conceito e o percepto exprimem duas funções diferentes do conhecimento; o próprio do conceito é permitir-nos afirmar que o ser é, embora de maneira puramente abstrata; o próprio do percepto é relacioná-lo com a nossa subjetividade individual: mas, por essa razão, precisamente, ele já sugere essa existência em si, que só pode ser atingida pelo sentimento.

Paliard define o sentimento como "certa determinação da consciência de si em que o sujeito toma-se como objeto".

Posso amar outra pessoa e não a mim mesmo; mas, nesse amor do outro, conheço-me a mim amando-o. Para além do conceito, que só estabelece o ser abstrato, e do percepto, que só estabelece o ponto de vista sobre o ser, o sentimento no qual a reflexão se completa é o conhecimento de um ser individual que se vê viver. Ele é uma imagem da plena consciência de si na qual o saber e seu objeto são interiores um ao outro: é uma interioridade imperfeita que é já promessa da interioridade verdadeira. Assim, o sentimento é sempre singular, mas aspira ao universal, o qual só pode ser alcançado pela plena consciência de si. Por isso, não há sentimento que não implique todos os outros sentimentos, atuais ou possíveis, e que, em certo sentido, não os convoque. Essa "implicação sentimental", como diz Paliard, não encontrando no eu uma representação contínua capaz de sustentá-la, é buscada no espetáculo que o mundo lhe oferece. Então o ser que percebe cessa de agir e começa a contemplar. E a beleza do mundo lhe aparece quando o sentimento se reflete como conhecimento de si mesmo, como expressão de uma plenitude secreta na qual o espírito se manifesta em todos os graus possíveis de intimidade. A beleza simboliza a irradiação da vida espiritual nas coisas. E assim se compreende como ela ultrapassa a consciência individual. Aqui, ela simboliza com a verdade. É um conhecimento incomunicável que se assemelha a uma revelação. Na beleza, a atividade do espírito se exprime e se contempla ao mesmo tempo. O homem reconhece nela como que uma realização das possibilidades de sentir e de saber que trazia consigo. Ela é a imitação mais próxima da consciência de si. Nada de humano imita melhor o divino.

Mas o próprio da sinceridade é ser uma aspiração a abandonar todas as ilusões inseparáveis do conhecimento, uma aspiração à plena consciência de si. A sinceridade é o princípio da vida moral e a fonte de todas as virtudes. Mas, para isso, é preciso que ela não se contente com sua aspiração em uma espécie de narcisismo, nem com as falsas claridades que impedem que essa aspiração frutifique. E, como a ilusão que faz a consciência humana dissimular a alma a si mesma é a condição sem a qual ela não existiria, pode-se dizer que as ilusões têm sempre por função dar-lhe sempre algo a sacrificar. A verdadeira sinceridade é uma incessante purificação interior, um incessante despojamento. Sendo assim, se nossa existência se desenvolve através das ilusões da consciência, cabe-lhe superá-las voltando seu olhar a Deus, que é a plena consciência de si e o lugar de todas as almas. Deus é definido como o *verbo da vida*, que é também a reflexão total; é nele que cada um de nós vê sua alma. É desse modo que a morte nos separa da verdade imitada e apaga a figura que a vida adquire segundo as leis da verdade imitada. A esta permanecemos ligados, mas guardando dentro de nós a esperança do verdadeiro saber. Essa é a razão pela qual somos "como tristes e, não obstante, sempre alegres".[1]

Tal é a tarefa, tão plena e tão sugestiva, que nos mostra o que falta ao conceito, ao percepto e ao sentimento para nos darem a consciência perfeita do ser e da vida. É preciso atravessá-los ultrapassando-os, se não quisermos sucumbir à ilusão da abstração, da aparência fenomênica ou da beleza. Mas o perigo é que, vendo nelas apenas ilusões, fiquemos atentos ao que elas não podem nos dar, sem perceber o que elas nos dão, que já é uma participação no ser e na vida. De fato, às vezes elas servem para nos ocultar, como diz Paliard, nossas faltas no amor: mas não convém que, no amor, elas sejam abolidas, para que não se veja abolir também a existência pessoal e os meios de comunicação entre as pessoas, sem os quais o próprio amor não poderia nascer nem se exercer.

28 de fevereiro de 1939.

---

[1] 2 Coríntios 6,10.

22. A primeira verdade

Há só uma filosofia, assim como há só uma verdade. E essa certeza, que procede de um ato de fé da consciência nela mesma, é para cada um de nós uma exigência, pois nos impede de nos contentar com a opinião ou a verossimilhança, e uma segurança, pois nos permite chamar todos os outros seres em testemunho e encontrar neles uma prova e uma sustentação. Daí os admiráveis encontros que se produzem entre os maiores espíritos, precisamente no que eles têm de maior. Daí a possibilidade, para cada espírito, de conservar sobre o real uma perspectiva que só pertence a ele, e que exprime ao mesmo tempo sua originalidade e seus limites. Mas daí também um julgamento que ele faz sobre si mesmo por aquilo que aceita, por aquilo que recusa, pelo nível de pensamento no qual consente se estabelecer, e pelas ideias que se mostra incapaz de compreender ou de assumir.

Mas, se há uma unidade da verdade filosófica da qual todas as afirmações particulares formam os modos ou os graus, é precisamente porque o único objeto de reflexão do filósofo é a atividade do espírito, de um espírito que é o mesmo para todos, mas do qual os indivíduos particulares participam de maneira desigual, conforme a pureza do seu olhar ou do seu desejo. Não há nada que seja alheio ao espírito: é nele que tudo o que é, tudo o que pode ser, encontra ao mesmo tempo sua origem e sua significação. Só que ele não se deixa capturar nem forçar. Ele é a liberdade mesma, cujo uso nos é incessantemente proposto, mas que não seria liberdade se não pudéssemos recusá-la e escolher a submissão.

No conhecimento científico, a concordância se faz sobre o objeto, que se impõe a nós e nos impõe os conceitos pelos quais o dominamos. Na reflexão filosófica, a concordância se dá sobre a presença, em todos os indivíduos, de uma mesma iniciativa espiritual cujo emprego está em suas mãos e que, tão logo se manifesta, começa a dividi-los, mas obrigando-os em seguida a se reaproximarem, na medida em que ela se torna mais plena e mais perfeita. A ação insuficiente e bloqueada dos indivíduos não cessa de apelar, por uma espécie de mútua mediação, a uma ação mais poderosa e mais livre, embora eles nunca cheguem a obter uma coincidência entre seus pensamentos, que significaria abolir a independência e a originalidade de cada vocação particular: mas são essas diferenças mesmas, tão logo eles conseguem compreendê-las, que os unem em vez de separá-los.

Não devemos nos surpreender, portanto, que os maiores filósofos tenham concentrado sua meditação no ato fundamental pelo qual a consciência entra na existência e do qual dependem, ao mesmo tempo, tudo o que podemos conhecer e tudo o que podemos fazer. Eis aí *a primeira verdade* que deve conter, por si só, o peso do nosso pensamento e da nossa vida, e que lhes dá sua significação e seu valor. Não há doutrina que não a suponha e no fundo da qual ela não esteja sempre presente, mesmo quando não é formulada. Na França, Descartes e Maine de Biran lhe deram um relevo particularmente marcante: um, definindo-a pelo ato de pensamento que é constitutivo do meu ser, o outro, reduzindo-a a uma iniciativa voluntária que já está presente em todo ato de pensamento e lhe transmite seu impulso. É aí, certamente, que reside aquele primeiro começo sempre oferecido e sempre disponível, aquela gênese de si que é também a gênese de todas as coisas, revelando-nos o real na operação mesma pela qual ele se faz, e a que damos o nome de liberdade.

Ora, esse é o problema fundamental a que se aplicou a reflexão de Jules Lequier, pensador muito pouco conhecido da primeira metade do século XIX, que nada publicou ele mesmo, mas do qual se sabe que teve grande influência sobre o espírito do seu amigo Renouvier, que certamente deve a ele a inspiração do neocriticismo. Renouvier editou em 1865 uma parte da sua obra póstuma sob o título *La Recherche d'une Première Vérité* [A Busca de uma Primeira Verdade], que Dugas reimprimiu em 1924. Mas Jean Grenier acaba de publicar, com o título *La Liberté* [A Liberdade], um novo volume extremamente importante, formado de textos inéditos dos quais ele nos apresenta uma interpretação de conjunto em outro estudo dedicado a *La Philosophie de Jules Lequier* [A Filosofia de Jules Lequier]. A meditação desses dois livros é, para nós, muito instrutiva: Grenier nos descreve com penetração a carreira intelectual dramática desse politécnico católico, desse celta violento e atormentado que atravessou uma crise de loucura e terminou seus dias talvez pelo suicídio, desse adversário do panteísmo que aprofundou o problema da liberdade até o ponto em que a própria razão parecia nele se perder; mostra-nos as diferentes influências exercidas sobre Lequier, a dos pensadores medievais, a de Fichte e, provavelmente, a de Lamennais. Retifica a imagem tendenciosa que nos foi dada por Renouvier e que faz dele o filósofo da liberdade, mas negligenciando a interpretação dos dogmas católicos que foi certamente uma das preocupações essenciais da sua vida. Mostra-nos o uso que esse matemático fez da probabilidade para introduzir uma ligação entre a liberdade e o determinismo; faz-nos perceber em sua doutrina um esboço do bergsonismo pelo papel privilegiado que atribui ao tempo, o qual tem lugar mesmo na eternidade divina. E o renascimento que observamos em alguns dos nossos contemporâneos de uma metafísica do Ato e da Pessoa pode encontrar nele uma espécie de precursor.

***

Jules Lequier examinou a significação do "penso, logo existo" de Descartes, buscando remontar, para além do próprio pensamento, até o ato que o engendra e sem o qual ele nada seria. E, para além do pensamento, o que ele encontra é o *Fiat* pelo qual se traduz esse poder de ser ou de existir, esse poder de fazer-se que subordina sempre o conhecimento e o pensamento à vontade de pensar. Ora, o que é querer, senão fazer alguma coisa a partir de nada, efetuar uma operação cuja característica é, precisamente, produzir-se ela mesma? Tal é o centro de todas as meditações de Lequier: o que ele tentou atingir é um ser que deve a si, *a se*, sua existência ou sua razão de ser, é o poder de se realizar que os escolásticos chamavam a *asseidade*. E esse é certamente o caráter de um poder infinito que não sofre limitação em parte alguma, isto é, o poder divino. Mas desse poder nós participamos de alguma maneira pelo uso que fazemos da nossa liberdade. Pois se pode dizer que recebemos a liberdade, mas ela só é nossa se consentimos em colocá-la em prática, quando então ela nos permite dar o ser a nós mesmos. O ser que há em nós não é um ser pronto, é a possibilidade de fazê-lo, cuja origem está acima de nós e cuja disposição está dentro de nós. É o que explica o sentido desta fórmula à qual Renouvier já havia dado uma justa celebridade: *fazer e, ao fazer, fazer-se*, que é a fórmula mesma da liberdade, e desta outra que dá à primeira seu verdadeiro alcance: que o próprio do homem é *fazer*, e de Deus, *mandar fazer*. O que nos obriga a admitir certa univocidade entre o Criador e a criatura, a liberdade de Deus sendo o modelo da liberdade do homem e o homem sendo o autor de suas ações por sua liberdade, sem ser, no entanto, o autor da sua liberdade.

Pode-se dizer que Lequier nunca cessou de defender a liberdade humana contra todos os argumentos que poderiam ser tirados da onipotência de Deus ou de sua onisciência. A primeira dificuldade reside na eternidade divina, que parece envolver a totalidade do ser de tal modo que a distinção dos momentos do tempo só teria sentido na escala do homem e seria apenas o meio da sua limitação. Santo Tomás nos diz que o próprio da eternidade é ser *tota simul* [toda ao mesmo tempo], ou ainda ser um *nunc* [agora] que não conhece a diferença entre o antes e o depois. Ora, essa diferença entre o antes e o depois parece essencial ao exercício da nossa liberdade, cujo papel é introduzir sempre no mundo algum acontecimento novo e imprevisível. Sendo assim, pode-se perguntar se os termos *tota simul* exprimem, de fato, a verdadeira essência da eternidade divina. Pois essa simultaneidade abarcada em um único olhar procede do espaço; e pode-se perguntar por que, quando se trata de Deus, o espaço gozaria de um privilégio em relação ao tempo. Nesse ponto, Lequier acredita poder se conciliar mais facilmente com Duns Scot do que com Santo Tomás, embora eles se sirvam com frequência das mesmas fórmulas. Lequier encontra em Scot uma tendência a admitir a existência de uma *eternidade sucessiva* que faria Deus durar no tempo, mas sem mudar ao longo do tempo, o que lhe permitiria permanecer presente a todos os movimentos da liberdade humana sem os abolir na unidade do mesmo ato atemporal.

Percebe-se a dignidade que essa concepção daria novamente ao tempo, que estaria contido de certa maneira na eternidade, em vez de exprimir em relação a ela uma série de visões parciais e evanescentes. Então o tempo móvel se torna compatível até certo ponto com a imutável eternidade. Trata-se agora de saber se as ações futuras que dependem da nossa liberdade podem ser conhecidas por Deus antes que a nossa liberdade tenha decidido. Ora, ocorre aqui o dilema clássico no qual nos encerra o problema da presciência divina: se Deus sabe de antemão tudo o que faremos, como seríamos ainda livres? E, se não o sabe, como seria ele próprio onisciente? Mas Lequier prefere parecer atacar a onisciência de Deus do que à liberdade do homem. A solução que ele dá a essa dificuldade apresenta um caráter singular de profundidade, ao introduzir entre o possível e o ser uma distinção válida tanto para Deus quanto para nós. Antes que um acontecimento tenha se realizado, não há verdade nem falsidade no que se refere a ele, pois ele ainda é nada e nada pode ser afirmado a respeito dele. A liberdade é que faz a verdade do ato que ela produz, ao produzi-lo. Uma vez passado esse ato, porém, considero que ele ocupa no conjunto das coisas um lugar doravante imutável. Então imagino, podendo meu olhar atingi-lo agora que já aconteceu, que um olhar mais poderoso que o meu poderia tê-lo atingido antes que ele tivesse acontecido. Nisso consiste meu erro. Esqueço que houve um tempo no qual esse ato era nada, no qual não podia haver conhecimento dele, nem em Deus nem em mim. É somente quando o futuro já passou que ele se transforma em objeto ao qual o conhecimento se aplica. Mas Deus só conhece o futuro como futuro, como contingente, como possível, não como necessário, isto é, como já realizado. Ele vê em ato as coisas que estão em ato, e em potência as coisas que estão em potência. Não que a escolha que faremos entre os possíveis seja para ele puramente indeterminada, pois cada ato já efetuado pesa sobre nossos atos vindouros e contribui para mudar nossa liberdade, de tal modo que o domínio sobre o qual ela reina vai sempre se reduzindo. Portanto, Deus conhece o provável como provável, o que deixa um campo à sua presciência e nos permite considerar que a necessidade é um limite da probabilidade.

Portanto, não é verdade que haja, propriamente falando, uma predestinação do homem por Deus, pois o homem faz seu próprio destino, através das provas, é verdade, a que Deus o submeteu. Assim o mistério da liberdade é o mesmo que o mistério da criação. E Grenier pode dizer que a filosofia de Lequier "leva a sério a palavra *criar*". Mas Lequier buscou antes de tudo mostrar que sua filosofia estava de acordo com a religião católica, à qual era profundamente ligado. Ele defendia a existência de dois tipos de verdade: as que pertencem à razão e têm por objeto o conhecimento do mundo antes da queda; e as que pertencem à revelação e que dependem da queda, isto é, de um fato contingente que poderia não ter acontecido. A Trindade se verifica tanto no homem quanto em Deus: em Deus, ela exprime a ligação do poder da inteligência e do amor, que permite ao espírito puro fazer sociedade consigo mesmo; em nós ela é somente o poder que traduz a *asseidade*. O Verbo é a liberdade divina em exercício: ele é engendrado e não criado; e, na encarnação, o próprio Deus se despoja da sua eternidade para participar do tempo. A obra do Amor, enfim, só será consumada pela redenção; e, para dar toda a sua força à solidariedade das almas em uma sociedade espiritual verdadeira, Lequier quer que a redenção dos condenados às penas eternas seja o efeito dos méritos dos bem-aventurados.

* * *

Tais são os princípios gerais dessa filosofia da qual se pode dizer que é, acima de tudo, uma filosofia da liberdade, mas de uma liberdade que me faz depender de outro na doação que me é feita, e de mim apenas no uso que faço dela: é uma "dependência independente". De alguma maneira, ela me faz semelhante a Deus; em mim e em Deus, ela é o poder de dizer *Sit* [Seja]. Eis aí uma primeira verdade da qual não se pode dizer que haja propriamente experiência, pois só há experiência do que se faz, e não do que não se faz ou do que não se poderia fazer. Ela pode apenas ser postulada; e é possível dizer que nela não há nada que me obrigue a afirmá-la. Pois não se pode provar a verdade, pode-se apenas mostrá-la, admitindo-a quem quiser: e "é por um ato de liberdade que afirmamos nossa liberdade".

A verdadeira metafísica torna-se assim "um encadeamento de princípios que se convocam uns aos outros, com exceção do anel da liberdade que repousa em si". Lequier nunca deixou de fixar seu olhar no milagre do ato, naquele primeiro começo absoluto que nos dá a existência; não acreditou que a razão pudesse ser dissociada desse ato; pois o concurso da vontade que aceita e da inteligência que mostra constitui o duplo ato pelo qual a razão humana se afirma e se concebe ela própria, razão que é falível por ser sempre inseparável da liberdade. Esse sábio percebe claramente que está, aqui, além de toda ciência, que está na origem mesma do Ser, naquele último fundo que somente os maiores espíritos e as almas mais simples podem alcançar. Assim o ouvimos exclamar, cheio de entusiasmo: "Encontramo-nos, ó Fichte! O pensamento de toda a minha vida me conduziu à terrível solidão que uma das meditações do teu gênio te revelou um dia". Mas ouvimo-lo acrescentar que a descoberta da verdade está ao alcance tanto do carvoeiro quanto do sábio: "O carvoeiro é tão apto a descobrir a verdade quanto o sábio consumado, pelo simples fato de ser um homem e de ter direito à verdade, que Deus deve ter colocado ao seu alcance e como que a seu dispor".

4 de dezembro de 1938.

23. As duas consciências

Pode parecer surpreendente ouvir falar de duas consciências, já que o próprio da consciência é, ao contrário, abarcar na mesma unidade todos os objetos possíveis do pensamento. Quando nossa consciência começa a diminuir, nossa representação do mundo se dispersa e nos escapa, nosso eu se perde em estados flutuantes; quando ela se recupera, o mundo reencontra uma organização na qual ocupamos um lugar; a multiplicidade dos objetos se reúne na unidade do olhar, que não é senão a unidade do sentimento interior. Às vezes é feita a distinção entre a consciência psicológica, que nos dá o conhecimento de nós mesmos e daquilo que nos cerca, e que desaparece quando perdemos a consciência, como no desmaio ou na anestesia, e a consciência moral, que dirige e julga nossa conduta, e que também pode se extinguir, como quando se diz de um homem que ele não tem consciência. Mas é preciso ser a mesma consciência que conhece e que julga, pois é o mesmo eu que busca representar o real e reconhecer entre suas diferentes ações qual é a melhor. No entanto, a distinção mesma entre consciência psicológica e consciência moral nos faz suspeitar uma oposição mais profunda entre duas consciências diferentes, uma delas sendo uma consciência de fato, que nos mostra a representação puramente subjetiva que fazemos do mundo, ou ainda a apreciação individual sobre o bem e o mal, e a outra sendo uma consciência de direito, que busca uma representação do real e uma apreciação da ação cujo valor possa ser reconhecido universalmente. Embora esses dois tipos de consciência sejam muito diferentes um do outro por sua origem e por sua dignidade, parece ser impossível separá--los, pois é a unidade de um diálogo que não cessam de manter. Nesse diálogo entre o fato e o direito procuramos sempre tomar posse de um conhecimento que nos é dado, mas a fim de lhe pedir valores e preferências que encontramos no fundo de nós mesmos, para saber se são legítimos.

A mesma oposição se apresenta ainda sob outras duas formas: pode-se dizer, em primeiro lugar, que toda consciência é antes de tudo *minha* consciência, de tal modo que suas afirmações são sempre as minhas e valem apenas para mim, o que lhes dá um caráter de intimidade muito marcante; ao mesmo tempo, ela é *a* consciência em sentido estrito, da qual participo de maneira limitada e imperfeita, à qual não cesso de recorrer para enriquecer meus conhecimentos ou para retificar meus julgamentos, que permanece como testemunha entre mim e os outros homens e permite que nos compreendamos e cheguemos a um acordo. Se for observado, em segundo lugar, que nunca podemos sair da consciência, que é mesmo absurdo imaginar poder fazê-lo, já que tudo que é posto fora da consciência é ainda a consciência que o põe, não será surpreendente que o ato da criação só possa ser pensado como o ato mesmo de uma consciência que nos ultrapassa. Mas então voltamos à distinção que fizemos há pouco entre nossa própria consciência, que se dá a si mesma a experiência de um mundo que não fizemos, e uma consciência absoluta, mas com a qual permanecemos sempre em relação e pela qual o mundo parece, ao se produzir, produzir suas próprias razões. Certamente é impossível estabelecer entre essas duas consciências uma verdadeira separação. O testemunho íntimo basta para mostrar que nossa consciência real quer ser, ao mesmo tempo, individual e universal, empírica e racional, representativa e criadora: sua vida consiste em um conflito sempre retomado, em uma harmonia sempre ameaçada entre essas características opostas.

É o que se vê claramente em um empreendimento como o de Descartes ou como o de Kant. Vejam Descartes: o fato do qual ele parte e que se exprime pela palavra *penso* é, se podemos dizer, o fato mais banal e o mais constante, o que acompanha os menores acontecimentos da minha vida; mas não me interesso por ele e quase nem o noto. É a natureza dos acontecimentos, é sua grandeza e sua qualidade que retêm minha atenção, e não essa observação secreta e miúda de que eles só existem para mim porque eu os penso. Mas o que caracteriza os espíritos mais poderosos e mais profundos é, certamente, nos tornar perceptível aquilo que temos sempre sob os olhos, é nos mostrar, em uma espécie de revelação, o que trazemos sempre em nós e o que sempre soubemos. E é essa consciência que de súbito adquirimos que a faz realmente nossa e nos dá a posse dela. Ora, o que faz Descartes dessa experiência do pensamento que não é senão a experiência que temos de nós mesmos? E como pôde considerar que um fato tão simples fosse capaz de sustentar o duplo edifício da ciência e da metafísica? É que, se o pensamento é de fato meu pensamento, se é sempre pessoal e subjetivo, por mais grosseiro e impessoal que seja, ele é, ao mesmo tempo, o pensamento impessoal e racional do qual se pode dizer que, tanto em mim quanto em você, só considera a verdade, obtendo-a sempre pela mesma operação e reconhecendo-a sempre pelo mesmo critério. Daí o valor absoluto que Descartes atribui à evidência e às ideias claras e distintas, às quais o pensamento autêntico, no ato mesmo que o constitui, nunca deixa de ser fiel. Mas esse valor, por sua vez, tem necessidade de ser garantido, e só pode sê-lo pela veracidade divina ou, se quiserem, por uma consciência universal da qual nossa consciência nunca se separa e que lhe serve de árbitro e de modelo ao mesmo tempo.

O pensamento de Kant é menos acessível ao espírito francês, embora o ensino universitário do final do século XIX o tenha tornado bastante familiar a nós. É que, para ele, o ato característico da consciência não é apreendido por uma intuição direta e imediata, como o é para os filósofos franceses, para um Descartes ou para um Maine de Biran, por exemplo.

Pode-se dizer que Kant considera a consciência na obra mesma que ela produz, isto é, na nossa experiência ou na nossa ciência, e que ele conclui dessa obra a atividade mesma da qual ela procede. Não há doutrina na qual a atividade do espírito desempenhe papel tão considerável, nem doutrina na qual essa atividade seja mais secreta, se não para o filósofo que reflete sobre ela, pelo menos para o sujeito que a exerce. Segundo Kant, com efeito, todo conhecimento é conhecimento de um objeto, quer se trate de objetos exteriores situados no espaço, quer se trate dos objetos interiores que chamamos nossos estados de alma: não será uma surpresa, portanto, que o poder que engendra esse conhecimento não seja da alçada dessa lei. Sua análise possui a grande vantagem de nos permitir distinguir entre nossa consciência empírica, que exprime sempre nossa perspectiva particular sobre o mundo, isto é, um conjunto de percepções e de imagens que só têm sentido em relação a nós, e uma consciência transcendental, que ultrapassa nossa experiência uma vez que a fundamenta, podendo-se dizer que é por ela que se constitui um mundo que é o mesmo para todos e do qual é possível falar com verdade.

***

É ainda a relação entre as duas consciências que vemos submetida a um novo exame em uma tese de doutorado defendida recentemente por Georges Bénézé, com este título original: *Allure du Transcendantal* [Marcha do Transcendental]. É um livro muito interessante, ao mesmo tempo polêmico e incisivo, mas que possui duas qualidades que raramente vemos reunidas, a saber: o gosto de uma reflexão filosófica que, em vez de rechaçar o absoluto, faz dele a pedra de toque de todos os passos do pensamento; e o cuidado de uma análise concreta que acompanha sempre de perto tanto a observação interior quanto os resultados da descoberta científica.

Bénézé toma do kantismo sua inspiração assim como seu vocabulário. Mas talvez sua simpatia mais profunda seja por Espinoza. Por outro lado, não se poderia ignorar que o objeto essencial da sua preocupação é a reforma introduzida por

Bergson no pensamento filosófico, isto é, segundo a acepção em que ele a considera, uma subordinação dos sentidos externos, em particular a visão, que nos fornecem do mundo um espetáculo puramente fenomênico, aos sentidos internos, notadamente o sentido muscular e o sentido cenestésico que, por terem nosso corpo por único objeto, nos revelam a intimidade do nosso eu e, portanto, a intimidade mesma do real. Ora, Bénézé rejeita o privilégio ontológico que se gostaria de dar aos sentidos internos, que tampouco nos fariam conhecer o ser, mas somente o fenômeno: assim, não se poderia fazê-los usurpar um papel que cabe apenas à consciência transcendental. No entanto, é verdade que, quando queremos saber em que consiste a realidade fenomênica e tentamos distingui-la da pura ilusão, é aos sentidos internos que recorremos. Por exemplo, é em relação a nossas sensações cenestésicas que julgamos a presença de um objeto; são as sensações de movimento que nos permitem interpretar as aparências visuais e retificar os erros nos quais a todo instante elas ameaçam nos fazer cair. Mas é preciso ir mais longe e mostrar que a própria ciência, precisamente porque possui um conteúdo, nunca perde o contato com o sensível. Ora, um dos pensamentos mais fecundos do livro, e que esperamos que venha a receber algum dia novos desenvolvimentos, é que é possível mostrar a parte contributiva dos diferentes sentidos na constituição do saber científico e, em particular, que os paradoxos da matemática e da física modernas encontram sua explicação em uma representação do mundo tomada exclusivamente do sentido da visão, isto é, desprovida da sua correlação habitual com a experiência motora e muscular.

Mas o centro de interesse do livro está em outra parte. O autor, de fato, recusa-se a identificar a oposição da consciência empírica e da consciência transcendental com a dos sentidos externos e dos sentidos internos, embora esta seja utilizada para nos fazer distinguir, no fenômeno, uma forma de representação criada pela perspectiva de outra forma de representação à qual atribuímos um caráter de realidade. Mas não é nesse ponto que se traça a linha de demarcação entre as duas consciências. O importante, na verdade, é saber reconhecer a diferença entre uma consciência pensante e uma consciência pensada. E compreende-se facilmente o quanto a introspecção será vista aqui como um método filosófico insuficiente. Com efeito, ela nada pode nos fazer conhecer além da consciência pensada. Por outro lado, não dispomos de meio algum de observação que nos permita captar a consciência pensante, pois seria converter em um objeto de experiência a capacidade mesma que engendra a experiência. Mas somos livres para tomar, diante do real, duas atitudes diferentes: a atitude empirista, na qual enumeramos as diferentes noções e procuramos descobrir sua gênese histórica; ou a atitude racionalista, na qual consideramos cada uma delas em relação à atividade transcendental que a construiu. Embora essa atividade mesma escape de nossas mãos e se possa até dizer que a estabelecemos primeiro por uma ficção didática, o método racionalista é o único legítimo; pois ele nos fornece a regra pela qual podemos buscar justificar a experiência, isto é, torná-la inteligível. Assim, o presente é o caráter primordial da consciência, e esse presente da consciência é definido como "a matriz do mundo": com isso não podemos mais nos contentar, como faz o empirismo, em mostrar de que modo os diferentes aspectos do real se engendram no tempo, já que o tempo é um produto da consciência transcendental e ele mesmo tem necessidade de ser construído.

Por uma espécie de abuso dos termos, porém, quer-se que o dado seja essa consciência transcendental, quando o uso comum das palavras nos obrigaria a dizer que é a única coisa no mundo que nunca pode ser dada. Ela é identificada também com o Todo, embora haja dificuldades em compreender como esse Todo é dado. Mas o que importa é considerar, primeiramente, que a consciência transcendental é propriamente o Absoluto, para além do qual não se remonta e que sustenta toda realidade e toda verdade. O Todo possui duas características fundamentais: a unidade, que faz que ele seja anterior às suas partes, e a unicidade, que faz que fora dele não haja nada. A unidade nega que ele possa ser dividido, e a unicidade, que possa ser multiplicado. Compreende-se assim que não há outro processo de pensamento que não a análise. São proposições que estaríamos prontos a ratificar, se não sentíssemos alguma inquietude quanto à relação dessa consciência transcendental com a nossa. Pois a consciência transcendental, nos é dito, nada nos fornece senão a forma dos nossos conhecimentos, nos quais tentaremos encontrar os traços que ela deixou. Portanto, há no relativo uma imagem do absoluto, mas uma imagem imperfeita, como se percebe, por exemplo, quando observamos que a consciência empírica possui a unidade, sem a qual não seria de modo algum uma consciência, mas não possui a unicidade, já que há várias consciências. Assim, em relação à consciência transcendental, ela é somente um reflexo.

Em contrapartida, Bénézé não teme assimilar a consciência transcendental ao "pensamento divino absoluto", perguntando, ao mesmo tempo, se é possível chamá-la verdadeiramente uma consciência. Percebemos claramente nesse escrúpulo, assim como em sua recusa em fazer de tal consciência um sujeito ou uma pessoa, o mesmo cuidado existente na *teologia negativa* de colocar Deus, ou o ato supremo da criação, acima de todos os atributos pelos quais podemos definir a consciência, na medida em que ela é um objeto da nossa experiência. Mas é preciso evitar que o privilégio que se quer conceder ao pensamento pensante sobre o pensamento pensado, considerando que o primeiro é criador, e o segundo, criado, se converta rapidamente em um privilégio em favor deste último, se é somente nele que brota a luz sem a qual o ato livre seria uma palavra privada de sentido.

Mas sabemos que tudo o que há na consciência empírica é tomado da consciência transcendental: assim, elas se opõem apenas para que sejamos obrigados a reuni-las de novo. As fórmulas pelas quais o livro termina darão satisfação aos que poderiam ter se inquietado com a ideia de um Absoluto impessoal que, em vez de se reconhecer no Eu absoluto de Fichte, seria sua negação. Diz-se, em uma proposição radical sobre a qual estaríamos de início dispostos a fazer as mais sérias reservas: "O corpo humano é a medida de todas as coisas"; mas trata-se de uma proposição que é necessário admitir caso se queira que ela exprima apenas a impossibilidade em que estamos de abolir a consciência empírica. E o alcance dela é imediatamente limitado, quando se acrescenta que "o corpo não basta a qualquer explicação", que "o sujeito é capaz de criar-se a partir de si e acima de si, alçando-se ou tentando se alçar até o plano divino da consciência transcendental", e que "essa criação que prova e assegura minha liberdade faz do mundo um simples pretexto para a minha contemplação e para a minha ação", assim como para a contemplação e a ação das outras pessoas comigo. O que isso quer dizer, senão que a oposição e a relação entre as duas consciências exprimem o ato vivo pelo qual o eu se constitui? Ato que implica, ao mesmo tempo, uma iniciativa que exercemos e uma eficácia sempre atual que não cessa de provir do movimento mesmo que o faz ser, o que vale dizer que esse ato é um ato de participação: ideia que reaparece também nas palavras *imagem* e *reflexo* que Bénézé utiliza com frequência, e que é a única a garantir o sucesso de uma tentativa na qual a análise mais sutil e rigorosa busca reencontrar, na menor parcela da nossa experiência, as marcas da presença do Absoluto.

3 de outubro de 1937.

24. Um neopositivismo

O próprio da nossa época é dar aos conflitos que nascem no interior da alma humana, opondo uma à outra suas diferentes exigências, uma extraordinária acuidade. Enquanto os maiores pensadores de todos os tempos sempre buscaram introduzir entre os poderes da nossa vida, entre as paixões que a arrastam, uma unidade tanto mais plena quanto mais fortemente unidos se mantivessem os contrários que tentavam lhe escapar, vemos hoje esses contrários se enfrentando em uma batalha, como se, para que um pudesse viver, o outro tivesse que perecer. A beleza emocionante e trágica do destino no qual o mundo moderno nos lançou, é que cada uma das tendências que sempre dividiram a consciência parece temer que a ignorem se, desde o início, ela não se mostrar no seu paroxismo. Um grupo a alimenta com sua própria força, provando seu valor ao combater outro grupo ligado a outra tendência, que se espera aniquilar com ele. Mas não há força espiritual que jamais possa ser abolida; ela renasce na consciência mesma de quem pensa tê-la vencido. A pessoa humana não se deixa mutilar; ela será tanto mais vigorosa e tanto mais livre quanto for capaz de coordenar e de dominar as paixões que a agitam e, apesar dos perigos que a ameaçam, souber realizar dentro dela a paz e impô-la a seu redor.

Esses grandes conflitos não se limitam, como se pensa, ao domínio político. Nesse domínio eles recebem apenas um realce maior porque os interesses e a vida dos indivíduos e dos povos são aí constantemente confrontados. Mas os homens que acreditam lutar pelo pão ou pela felicidade lutam sempre por uma ideia à qual estão dispostos a sacrificar a felicidade e o pão. E para isso não temem expor seu corpo, como se este só tivesse sentido para ser o veículo do espírito e para lhe fornecer a arma de que necessita.

Os conflitos do pensamento teórico, embora mais secretos que os conflitos de classes ou de partidos, não traduzem uma menor violência e comportam o mesmo ensinamento. Desde a guerra,[1] assistimos a um admirável renascimento do pensamento metafísico em todos os países do mundo, como se a angústia em que vivemos obrigasse a humanidade a se interrogar todos os dias sobre a significação de sua vida perecível e sobre sua relação com o absoluto; e as doutrinas metafísicas se opõem entre si com mais intrepidez do que jamais o fizeram, como se o cuidado de penetrar o mistério da nossa existência nunca tivesse sido para nós tão premente. Mas a metafísica tornou a encontrar os adversários que ela teve em todas as épocas e que, reduzindo a ciência a uma descrição da experiência externa, veem como quimeras todas as questões que a ultrapassam e pelas quais o espírito se interroga sobre o que é e o que faz no mundo, sobre o sentido e o uso dessa experiência mesma à qual se quer subordiná-lo. Que tais questões continuem a solicitar a reflexão humana e que, tão logo colocadas, possam reter a atenção a ponto de fazer todas as outras parecerem frívolas, é o que basta para irritar os neopositivistas, que consideram que elas pertencem à infância da humanidade: eles as condenam sempre em termos injuriosos, vendo nelas apenas "verbalismo", "absurdos" ou "pseudoproblemas".

Esse movimento de pensamento teve origem em Viena em um grupo de pensadores conhecido pelo nome de *Wienerkreis*, que costuma ser traduzido por *Escola de Viena*.

---

[1] Refere-se à Primeira Guerra Mundial (1914-1918). (N. T.)

Os mais conhecidos são Carnap, Reichenbach, Franck e Neurath. Schlick, que morreu recentemente de maneira trágica, ocupava uma posição vizinha. Eles encontraram na revista *Erkenntnis* o instrumento de sua ação. O neopositivismo se situa no ponto de encontro de duas correntes diferentes: uma, que vem de Mach, retira da experiência toda a matéria do nosso conhecimento; outra, vinda de Bertrand Russell por intermédio de Wittgenstein, adapta essa matéria a um simbolismo que permite submetê-la a cálculos lógicos. Assim se constitui uma doutrina que podemos chamar de empirismo lógico e que, tomando da experiência dados e não uma simples via de acesso ao real, e da lógica uma linguagem e não uma lei de inteligibilidade, preocupa-se apenas em estabelecer uma correspondência entre esses dados e essa linguagem, evitando o problema, que lhe parece mal colocado, da concordância entre o pensamento e a realidade, resistindo aos ídolos do racionalismo e se apresentando com um desenho tão nítido, uma simplicidade tão elementar e tão segura, que se entende facilmente o sucesso que obteve nos países da Europa central e na jovem América. Foram os filósofos da escola de Viena que, com a colaboração de Rougier, organizaram o Congresso Internacional de Filosofia Científica realizado na Sorbonne em 1935, cujas *Atas* acabam de ser publicadas pela editora Hermann em oito fascículos redigidos em várias línguas e que têm, para nós, muito interesse. Pois eles mostram que, se o empirismo lógico pareceu uma base de discussão excelente, essa base se mostrou muito estreita tanto para a maior parte dos pensadores franceses, que dificilmente renunciam ao racionalismo cartesiano, quanto para os matemáticos, que lhe reprovam ater-se, do lado do espírito, a um "formalismo exclusivamente abstrato" e, do lado das coisas, a um "realismo rudimentar".

***

Aliás, é fácil explicar como essas duas tendências aparentemente contraditórias conseguem se unir. Ambas mostram a mesma desconfiança em relação ao pensamento que, em suas operações próprias, não conseguiria constituir, como sempre defendeu o nominalismo, senão uma linguagem mais ou menos benfeita, e que, quando se volta para o real, seria incapaz de penetrá-lo, limitando-se a sofrê-lo.

O que caracteriza a doutrina, portanto, é supor, por um lado, que o real é o dado em si, sem que tenhamos de nos perguntar nem como ele pode ser afirmado, nem qual é sua relação com o espírito que o afirma (pois esse seria o tipo mesmo de pseudoproblema); por outro lado, é sustentar que esse real pode ser descrito por um conjunto de símbolos que devem entrar em correspondência com o dado que simbolizam. De direito, o mundo simbólico ultrapassa o mundo real. O espaço geométrico é visto ainda como o campo das relações de situação entre os objetos, mas há, por assim dizer, um espaço lógico que é o campo de suas relações possíveis. "A lógica, nos dizem, não supõe o mundo real, mas apenas que há um mundo." E o sentido que damos a uma proposição pertence à ordem do possível, embora sua verdade pertença à ordem do real. Mas há proposições que não têm sentido nem verdade; é que elas não permitiriam espécie alguma de verificação. Entre essas se situariam as proposições da metafísica. A metafísica é como "uma doença da linguagem devida a uma sintaxe gramatical errônea".

Daí a importância dada à teoria da linguagem nas preocupações da Escola, como vemos na obra de Carnap, *Logische Syntax der Sprache* [A Sintaxe Lógica da Linguagem]. Esse autor distingue duas linguagens que diferem uma da outra por seu grau de abstração. Uma contém os enunciados da ciência ou da percepção. A outra contém apenas enunciados lógicos que só têm sentido em relação a objetos possíveis e ditam as regras a que obedecem todas as transformações que podemos operar sobre eles. O formalismo nada mais é que uma linguagem que permite edificar a matemática e, com ela, a ciência inteira. De maneira geral, admite-se na Escola que não podem entrar no conhecimento outras proposições sintéticas senão as chamadas *protocolos*, que são relatos de experiências; fora isso, o conhecimento se reduz a um cálculo lógico, isto é, a combinações puramente formais que têm um caráter exclusivamente tautológico. De tal modo que se pode evocar, com F. Enriques, a ideia de uma escolástica nominalista que, por mais moderna que queira ser, nos faria remontar a Occam. Só que hoje não haveria mais outro tipo de saber senão o saber científico. Trata-se, pois, de constituir antes de tudo uma ciência experimental. E o conjunto coerente de proposições que a lógica nos permite obter só apresenta o caráter de conhecimento porque, graças a elas, podemos reencontrar os dados da observação. Haveria, portanto, somente um tipo de conhecimento, que é o conhecimento físico, assim como há somente um critério de verdade, que é a verificação objetiva. A lógica se constitui por uma série de abstrações, mas que não devem nos fazer perder o contato com as coisas. De tal modo que esse nominalismo é, ao mesmo tempo, segundo a expressão feliz de Neurath, um "fisicalismo".

Não há doutrina mais clara e que manifeste em toda parte uma evidência mais provocadora. Mas é isso mesmo que nos leva à desconfiança. Ficamos surpresos de que essa síntese de um formalismo, que não passa de um simples mecanismo, e de uma experiência reduzida ao fato bruto possa ser suficiente a algum pensamento. Esse ardor combativo e juvenil parece se satisfazer sem muito esforço; embriaga-se com certas receitas que o espírito descobriu, sem querer se interrogar sobre esse espírito que as cria ou sobre a realidade à qual as adapta, mas cuja verdadeira natureza deve lhe escapar sempre. Foi dito do positivismo que ele era um extraordinário ascetismo intelectual: como todos os ascetismos, ele amaldiçoa e lança no nada tudo o que se proíbe a si mesmo. E acreditamos ouvir Comte, que temia que levassem a reflexão além do primeiro passo, pelo qual ela descobre a lei dos fenômenos, como se a luz que ela nos oferece pudesse se apagar tão logo se tentasse remontar à fonte que a produz. O esforço da Escola de Viena é restringir as pretensões do nosso entendimento, ensinar-lhe a limitar sua curiosidade. Não há expressão que ela empregue com mais frequência do que *somente*: ela quer que a filosofia seja *somente* uma análise lógica da linguagem científica, que o filósofo se resigne a ser *somente* o gramático da ciência. Mas, se a palavra *filosofia* envolve sempre a ideia de uma *sabedoria*, de uma justificação do fato e não do seu simples registro, de uma vida do espírito que busca compreender o real a fim de inscrever nele as finalidades humanas mais altas, será que a Escola de Viena não aceitará um dia renunciar ela própria ao nome de filosofia, sem que isso implique considerar a filosofia inteira uma investigação estéril e antiquada?

Ficamos impressionados de ver, nas *Atas do congresso*, as resistências que as ideias dessa escola encontraram não só da parte dos filósofos, mas também dos cientistas. Eles são unânimes em pensar que ela coloca os problemas do conhecimento com particular firmeza, mas poucos aceitam encerrar o espírito em margens tão estreitas. A Escola de Viena certamente oferece a ocasião de uma renovação muito útil na teoria do saber. O que lhe censuram quase sempre é limitar a ação do espírito à criação de símbolos indiferentes por si mesmos, que bastaria corresponderem formalmente ao dado para que o conhecimento se constitua. O que se gostaria, ao contrário, é que a operação pela qual o espírito apreende ou representa o real nos permitisse penetrar nele e ter, de certo modo, uma ação sobre ele. Tarski não se contenta com o formalismo lógico-matemático a que se pretende reduzir o conhecimento e busca uma definição semântica da verdade capaz de assegurar a concordância do cálculo com o real; Schlick, por sua vez, pensa que há uma verdade da lei que permanece a mesma, quaisquer que sejam seus métodos de verificação, e que explica por que a constatação intuitiva dos fatos esperados enche nossa alma de alegria, que é a alegria do contato enfim obtido com o real; Gonseth quer que as ações da lógica nos deem uma posse do concreto graças a uma abstração simplificadora, o que permite estabelecer um parentesco profundo entre o objeto matemático e o objeto real, entre a linha do geômetra e a reprodução grosseira que dela nos dá a experiência. Por outro lado, Chevalley nota o esforço pessoal que faz o cientista para introduzir a vida e as necessidades do espírito no mecanismo lógico que ele utiliza; Rougier e Lautman mostram exigências análogas. Assim, coloca-se hoje a questão, como no passado, de saber de que maneira pode haver a concordância exigida pelo conhecimento, desde seu primeiro passo, entre uma operação do espírito que ultrapassa o puro simbolismo porque tem a ambição de compreender a realidade, e uma realidade capaz de responder às suas exigências e que não é nem refratária nem indiferente à inteligibilidade. É preciso, pois, aceitar a ideia de que o próprio do espírito é exprimir, em cada uma de suas operações, nossa capacidade de participação no universo, no qual ele nos faz penetrar cada vez mais profundamente à medida que nos afastamos do aspecto puramente dado com que primeiro se apresentava aos nossos sentidos.

Mas isso não é reintegrar o valor dessa metafísica da qual pensavam nos libertar para sempre? Pois a metafísica não pode ser confundida com a imagem que dela nos dão seus adversários. Não há mundo metafísico constituído por objetos situados além de toda experiência e cuja existência afirmaríamos por um ato de imaginação ao qual uma linguagem confusa daria uma espécie de sustentação. Há uma experiência metafísica que é a de um ato efetuado realmente pelo espírito, sempre correlato a um objeto dado e que procura explicar tanto sua possibilidade quanto sua estrutura. Não deixarão de nos dizer que o ato de que falamos não passa de um símbolo que pode corresponder ao objeto, mas que não tem com ele mais afinidade que a notação musical com a melodia. Mas não aceitaremos tal comparação, pois por trás da notação musical há uma ordem concebida e desejada pelo espírito, da qual a melodia é, ao mesmo tempo, o efeito físico e o eco sensível. Pensamos que há uma passagem dessa ordem à qualidade percebida. É na busca dessa passagem, cuja utilidade ou a possibilidade se quer contestar, que reside a metafísica verdadeira. E seu domínio ultrapassa em muito o da ciência: pois ela põe em jogo a eficácia do espírito não apenas na explicação do mundo que temos sob os olhos, mas na produção de todos os valores humanos: beleza, moralidade e, também, verdade. Para nós, trata-se sempre de transpor o intervalo que separa uma atitude intencional da consciência de uma obra em que ela busca se reencontrar e, por assim dizer, encarnar. É essa adequação recíproca do espírito e do real, sempre ameaçada e sempre perseguida, que, para além do esquematismo lógico, que não basta sequer para a ciência, e através de todas as conquistas da consciência, constitui o objeto profundo da investigação metafísica; esse objeto não cessa de solicitar a reflexão de todos os que pensam, mesmo se desconhecem a metafísica e pretendem passar sem ela.

O neopositivismo é, se podemos falar assim, uma concepção totalitária da ciência reduzida a uma pura linguagem. O congresso de Paris permitiu que seus principais representantes defendessem sua tese com muito talento, confrontá-la com outras teorias do conhecimento que, certamente, a obrigarão a se aprofundar e a se ampliar. Ficou decidida a realização, sob os auspícios do Mundaneum Institute de Haia, do projeto de uma *Simbólica Universal* e de uma *Enciclopédia Internacional para a Ciência Unitária*. Só podemos esperar os melhores resultados da aproximação que haverá, assim, entre pensadores muito diferentes, todos pertencentes aos países da Europa, e que, em vez de encerrar o espírito humano dentro de certas barreiras e de lançar o anátema ao que as ultrapassa, serão levados a reconhecer que todos os domínios do pensamento são solidários uns com os outros, e que não há progresso na ordem da ciência que não envolva o problema da relação da nossa consciência com o real e, portanto, o problema do nosso destino.

27 de dezembro de 1936.

Dados Internacionais de Catalogação na Publicação (CIP)
(Câmara Brasileira do Livro, SP, Brasil)

Lavelle, Louis, 1883-1951.
 Ciência estética metafísica: crônicas filosóficas / Louis Lavelle; tradução Paulo Neves. – São Paulo: É Realizações, 2012. –
(Coleção filosofia atual)

 Título original: Science esthétique métaphysique
 ISBN 978-85-8033-113-4

 1. Ciência - Filosofia 2. Estética 3. Metafísica I. Título. II. Série.

12-09531 CDD-102

Índices para catálogo sistemático:
1. Ciência estética metafísica : Crônicas filosóficas   102

Este livro foi impresso pela Geográfica Editora para É Realizações, em julho de 2012. Os tipos usados são Minion Condensed e Adobe Garamond Regular. O papel do miolo é off white norbrite 66g, e o da capa, curious metallics violette 300g.